Cindi McMenamin · Er geht an deiner Seite

Cindi McMenamin

Er geht an deiner Seite

Gott begegnen in Zeiten der Einsamkeit

Aus dem Amerikanischen
von Herta Martinache

SCM R.Brockhaus

SCM

Stiftung Christliche Medien

FSC www.fsc.org
MIX
Papier aus verantwortungsvollen Quellen
FSC® C006701

im SCM-Verlag GmbH & Co. KG · Bodenborn 43 · 58452 Witten
Internet: www.scm-brockhaus.de; E-Mail: info@scm-brockhaus.de

Soweit nicht anders angegeben, sind die Bibelverse folgender Ausgabe entnommen:

Neues Leben. Die Bibel, © 2002 und 2006 SCM R.Brockhaus im SCM-Verlag GmbH & Co. KG, Witten

Weiter wurde verwendet:
Lutherbibel, revidierter Text 1984, durchgesehene Ausgabe in neuer Rechtschreibung 2006, © 1999 Deutsche Bibelgesellschaft, Stuttgart (LUT)

Die amerikanische Originalausgabe erschien unter dem Titel
WHEN WOMEN WALK ALONE
bei Harvest House Publishers, Eugene, Oregon.

Umschlaggestaltung: Tabea Siegel, www.pinkgepunktet.de, Nürnberg
Titelbild: Shutterstock. com – Masson
Satz: Christoph Möller, Hattingen
Druck und Bindung: CPI – Ebner & Spiegel, Ulm
Gedruckt in Deutschland
ISBN 978-3-417-26553-8
Bestell-Nr. 226.553

Für jede Frau,

die durch Zeiten der Einsamkeit geht …

Inhalt

Ein Schrei aus der Wüste

Wäre es nicht wunderbar, nie mehr das Gefühl der Einsamkeit aushalten zu müssen? Stellen Sie sich vor, jemand wäre an Ihrer Seite, wenn Sie das Bedürfnis haben, Ihren Wert als Frau zu spüren. Stellen Sie sich vor, da wäre die Schulter, an der Sie sich ausweinen können, starke Arme, die Sie halten, während Sie Ihrem Traum folgen. Stellen Sie sich vor, wie es wäre, immer die Kraft und Weisheit eines anderen zu spüren, der all das schon erlebt hat und Ihnen durch die Zeiten durchhelfen kann, die Sie zu überfordern scheinen.

Als Frauen haben wir so oft den Eindruck, alleine durchs Leben zu gehen. Es gibt Situationen, in denen wir uns alleingelassen fühlen – wenn der Ehemann verschwindet (oder nie aufgetaucht ist), wenn ein Kind auszieht, der Vater oder die Mutter stirbt oder eine Freundin wegzieht. Manchmal fühlen wir uns zu bestimmten Zeiten im Leben alleingelassen: wenn wir mit Spannungen in der Ehe oder dem Stress des Single-Daseins zu kämpfen haben; wenn wir kleine Kinder erziehen oder herausfinden, dass wir keine Kinder bekommen können; wenn die zweite Lebenshälfte anbricht und die Kinder ausziehen; wenn unser Körper langsamer wird und wenn wir in Rente gehen. Manchmal haben wir einfach bei all dem Stress und der Hektik des Lebens den Eindruck, einsam zu sein … und denken, dass uns niemand versteht und sich niemand in unsere Lage hineinversetzen kann.

Wenn Sie sich so vorkommen, sind Sie nicht alleine. Um Sie herum gibt es nicht nur andere Frauen, die genau das Gleiche empfinden. Mehr noch: In Ihrer Nähe gibt es Schultern, die Ihre Lasten tragen können, starke Arme, die Sie halten, und Kraft und Weisheit, die Teil Ihres Lebens werden wollen. Das Ziel dieses Buches liegt darin, Ihnen die Augen zu öffnen, damit Sie alles sehen, was Sie haben – und Sie davon zu überzeugen, dass Sie stärker als je zuvor sein können, wenn Sie den einen annehmen, der Ihnen in Ihrer Wüste der Einsamkeit seine Macht zeigen will.

In diesem Buch werde ich mich damit befassen, was wir Frauen für „Zeiten der Einsamkeit“ halten, und Ihnen helfen, sie als Pforte zu einer tieferen Beziehung zu Gott zu sehen. Ich möchte Ihnen helfen, von der Wüste der Einsamkeit zur Oase des Überflusses aufzubrechen, indem Sie Ihre Zeiten der Einsamkeit nicht als Hindernis für Ihr Wachstum sehen, sondern als Gelegenheiten, dem Herzen Gottes näher zu kommen.

Ich glaube, dass Gott uns oft in die Wüste führt, wo wir uns einsam vorkommen, um uns eine Seite von sich zu zeigen, die wir vielleicht nie gesehen hätten, wenn in unserem Leben alles nach Wunsch verlaufen wäre. Werfen wir einen Blick auf ein paar Geschichten von Frauen aus der Bibel, die einsam in der Wüste waren und deren Leben durch die Begegnung mit dem lebendigen Gott grundlegend verändert wurde:

- Hagar, die ägyptische Magd von Abrahams Frau Sara, war alleinstehend, schwanger, lief von zu Hause weg, legte sich neben einen Brunnen in der Wüste und bereitete sich auf den Tod vor. Niemand verstand ihre Notlage. Es ist sowieso allen egal, dachte sie. Doch anstatt an diesem Tag in der Wüstensonne den Tod zu finden, begegnete sie dem Lebensspender, der ihr die Kraft gab, wieder nach Hause zu gehen, ihr Kind auf die Welt zu bringen und den Rest ihres Lebens auf Gottes Zusagen zu vertrauen. Wäre Hagar in ihrer Not von einem Mann oder einer gutmeinenden Freundin getröstet worden, hätte sie die verblüffende Begegnung mit dem Gott „der mich sieht“ (1. Mose 16,13) verpasst.

- Lea, eine Frau, die ihrem Ehemann Jakob aus List gegeben wurde, war völlig verzweifelt und einsam in einer lieblosen Ehe mit einem Mann, der in Wirklichkeit ihre Schwester Rahel liebte. Nachdem sie mehrere Kinder zur Welt gebracht hatte – in der Hoffnung, dadurch die Zuneigung ihres

Mannes gewinnen zu können – lernte sie schließlich, nicht mehr auf den Mann zu schauen, dessen Liebe sie nie gewinnen konnte. Stattdessen begann sie, für Gott zu leben, der sie schon immer geliebt hatte. Hätte sich Lea von Jakob geliebt und erfüllt gefühlt, hätte sie in der Wüste ihrer Ehe wahrscheinlich nie Gott als ihren „himmlischen Ehemann" entdeckt (1. Mose 29,16-35).

- Eine Samariterin, die Ihre Sicherheit im Leben bei Männern fand (fünf ehemalige Ehemänner und einen Freund, mit dem sie zusammenlebte), kam alleine zu einem Brunnen und fühlte sich leer und ausgetrocknet, als sie Jesus traf. Der bot ihr ein neues Leben und eine Erfüllung an, die sie nirgendwo sonst finden konnte. Wäre in ihrem Leben alles wunschgemäß verlaufen, hätte sie ihr „lebendiges Wasser" nie gefunden (Johannes 4,5-26).

Können Sie den roten Faden erkennen? In allen drei Situationen – Hagar beim Brunnen in der Wüste, Lea in der Wüste ihrer Ehe und die Samariterin am Wüstenweg – war das erfrischende Wasser ganz nahe. Jede dieser Frauen kam ausgetrocknet und leer in die Wüste, und sie alle fanden ihre Oase der Kraft und ihr lebendiges Wasser in der Begegnung mit Gott, die ihr Leben grundlegend veränderte.

Wenn Sie sich wie Hagar schlecht behandelt und unverstanden vorkommen, dann stehen vielleicht auch Sie kurz vor der Begegnung mit dem Gott „der mich sieht". Wenn Sie sich wie Lea in Ihrer Ehe einsam und vernachlässigt fühlen, erleben Sie vielleicht bald Gott als ihren „himmlischen Ehemann". Oder wenn Sie sich wie die Samariterin einsam in Ihrer Wüste vorkommen – auch mit einem Mann in Ihrem Leben – dann entdecken Sie möglicherweise bald, dass Ihr „lebendiges Wasser" fast vor der Haustür ist. In diesem Buch werden wir auch andere Frauen aus der Bibel kennenlernen – Frauen, die sich körperlich, emotional und geistlich alleingelassen fühlten.

An ihnen werden wir entdecken, was wir tun können, wenn wir einsam sind – wie wir die Oase der Zufriedenheit finden, aus der wir trinken können, wie wir den Reichtum des Trostes entdecken, in dem wir uns bergen können, und den Zuhörer finden, dem wir unser Herz ausschütten können.

Wenn Sie mich durch dieses Buch begleiten, dann kann ich Ihnen hoffentlich nicht nur die Oase zeigen, die in Ihrer derzeitigen Wüste der Einsamkeit auf Sie wartet, sondern Sie auch auf Zeiten der Einsamkeit vorbereiten, die vor Ihnen liegen. Im Laufe unseres Lebens, wenn wir mit dem Single-Dasein oder in der Ehe, mit dem Muttersein oder der Kinderlosigkeit, der Karriere oder der Ruhelosigkeit, dem Alter und der Krankheit, der Menopause, dem Renteneintritt oder dem Verlust geliebter Menschen zu kämpfen haben, wird es ständig neue Wüsten der Einsamkeit geben, die wir durchwandern müssen. Wir werden nicht lernen, wie man diese Zeiten der Einsamkeit vermeidet, sondern wie wir uns stärken können, um bereit zu sein, wenn sich dieser Weg vor uns auftut.

Als ich Anfang 20 war, stand ich vor der Wahl, in der Wüste meiner Einsamkeit zu sterben oder in ihr zu blühen. Eine vierjährige Beziehung mit einem Mann, den ich für meinen künftigen Ehemann gehalten hatte, war zerbrochen. Ich war am Boden zerstört und dachte, dass ich möglicherweise für immer alleine bleiben würde. Doch ich klammerte mich an Gott und lernte, mich in den Zeiten der Einsamkeit auf seine Gegenwart, seine Liebe und seinen Trost zu verlassen. Denn er war da. Er stillte die Sehnsucht in meinem Leben, und ich wurde eine recht unabhängige Frau – unabhängig von anderen Menschen, aber völlig abhängig von Gott.

Dann brachte Gott einen wunderbaren Mann in mein Leben. Doch in den ersten Jahren unserer Ehe begann ich allmählich, mich mehr auf die Liebe meines Mannes und die Gemeinschaft mit ihm als auf Gott zu verlassen. Schließlich wurde ich in der Liebe einsam … und befand mich wieder verzweifelt in der Wüste. Die Einsamkeit dehnte sich auf andere Lebensbereiche aus und wurde schließlich zu einer verzehrenden Kraft, bis ich erkannte, warum sie überhaupt da war.

Als ich wieder zu jener Abhängigkeit von Gott zurückkehrte und sah, wie er begann, den Hunger in meinem Herzen zu stillen, gewann ich erneut die Kraft, alleine zu sein. Mir wurde klar, dass Zeiten der Einsamkeit in unser Leben hereinbrechen und auch wieder verschwinden, und ich lernte dabei einige praktische Möglichkeiten, wie ich daraus gestärkt hervorgehen kann.

Auch heute kommen noch Zeiten der Einsamkeit:

- Wenn ich mich den Menschen, die mir nahestehen, innerlich nicht verbunden fühle.

- Wenn ich mich an etwas Unbekanntes heranwage und den Eindruck habe, keine Unterstützung oder Ermutigung zu finden.

- Wenn ich sehr beschäftigt bin und den Eindruck habe, den Kontakt zu meinen Freundinnen verloren zu haben.

- Wenn ich total gestresst bin und die Leute nicht verstehen, wie hektisch mein Leben ist.

- Wenn ich einen geliebten Menschen durch Tod, Umzug in eine ferne Stadt oder Umstände, die nicht in meiner Hand liegen, verliere.

- Wenn ich in einer Krise den Kopf verliere und den Eindruck habe, von anderen keine Hilfe oder Unterstützung zu bekommen.

Meine erste Reaktion auf Gefühle der Einsamkeit ist, gegen sie anzukämpfen. Aber wenn ich sie als Aufforderung sehe, alleine mit Gott zu sein und eine andere Seite von ihm zu erkennen, erfahre ich neue Kraft, neuen Frieden und neues geistliches Wachstum. Denn dann macht Gott sich daran, die Leere in meinem Herzen auszufüllen und mich innerlich stärker zu machen.

Wollen auch Sie stärker werden, egal was das Leben mit sich bringt? Wollen Sie aus dem Loch Ihrer Einsamkeit herausklettern und wachsen, anstatt in den Zeiten Ihrer Einsamkeit zu trauern? Wollen Sie sich schließlich sogar nach Einsamkeit sehnen … nicht nach der Einsamkeit, die Sie kummervoll und hilflos macht, sondern nach der, die Sie stärkt, weil sie Sie zu Gott hinzieht, der Sie mehr liebt, als Sie sich vorstellen können?

Dann machen Sie sich mit mir auf den Weg, auf dem wir nach praktischen Möglichkeiten suchen, durch alle Zeiten unseres Lebens hindurch stärker zu werden. Wir werden uns mit der Einsamkeit als Single, als Ehefrau und Mutter beschäftigen und wie diese Zeiten der Suche uns helfen, eine andere Seite von Gott kennenzulernen. Wir werden uns mit der Einsamkeit in unserem Schmerz, in unserem geistlichen Leben, in der Anbetung und in unseren schweren Zeiten beschäftigen. Wir werden herausfinden, wie unsere Kämpfe tatsächlich Zeiten der Stärkung werden können. Wir werden uns mit der Einsamkeit in unserer Ruhelosigkeit und beim Verfolgen unserer Träume beschäftigen. Und schließlich werden wir in Zeiten der Einsamkeit mit unserem Gott entdecken, wie diese Zeiten uns neue Kraft verleihen, sodass wir uns zu neuen Höhen aufschwingen können.

Wenn Sie die Geschichten und Situationen in diesem Buch lesen, merken Sie, dass nicht alle diese „Wüsten" auf Ihre konkrete Situation zutreffen. Doch ich ermutige Sie, auch diese Teile des Buches zu lesen. Denn vielleicht können Sie damit andere Frauen, die gerade auf diesem Weg gehen, ermutigen und stärken.

Wenn wir uns auf diese Reise machen, bin ich überzeugt, dass Sie nicht nur die Kraft finden, bereit zu sein, festen Schrittes und zügig durch die Zeiten Ihres Lebens zu gehen, sondern auch andere Frauen aufzurichten, die von der Last der Einsamkeit geschwächt am Wegrand liegen.

Sind Sie bereit? Kommen Sie mit mir. Befassen wir uns mit jenen leidvollen Zeiten der Einsamkeit und betrachten sie als kostbare Gelegenheiten, in denen wir wachsen können. Gehen wir gemeinsam durch jene Lebensabschnitte, die niemand anderes zu verstehen scheint, und suchen wir nach der helfenden Hand, die sich uns entgegenstreckt. Gewinnen wir Kraft in den Augenblicken oder in den endlos scheinenden Zeiten der Einsamkeit und werden wir so wie Gott uns haben möchte.

Man sagt, dass der wirkliche Test der Kraft einer Frau darin besteht, zu sehen, wie stark sie alleine ist. Also gewinnen wir gemeinsam an Kraft, damit wir alleine stärker sind.

Teil 1

Eine Zeit der Suche

„Wenn ihr mich sucht, werdet ihr mich finden; ja, wenn ihr ernsthaft, mit ganzem Herzen nach mir verlangt.“

JEREMIA 29,13

Kapitel 1

Einsam als Frau: den Segen suchen

DIE Jahre der Einsamkeit haben sich tief in Julias Gedächtnis eingeprägt.

Sie war jung, hatte einen guten Ehemann und vier kleine Kinder. Und sie tat ihr Bestes, um eine gute Ehefrau und Mutter zu sein. Doch allmählich wurden die jährlichen Umzüge in eine andere Stadt, die für die Weiterbildung ihres Mannes nötig waren, und die damit verbundene Suche nach einer neuen Wohnung und Kirchengemeinde eine zu große Belastung für sie. Kaum waren die Umzugskisten ausgepackt, war ihr Mann jeden Tag 10-12 Stunden unterwegs und pendelte zwischen Wohnung und Universität. Da Julia schüchtern und zurückhaltend war, fiel es ihr nicht leicht, neue Freundschaften zu schließen und schließlich gab sie es auf, sich um persönliche Kontakte zu bemühen. Sie meinte, der Aufbau einer Beziehung lohne sich nicht, da sie sowieso bald wieder wegziehen müsse. In den langen schneereichen Wintermonaten, wenn sie ohne Auto zu Hause saß, fiel ihr die Decke auf den Kopf. Sie fühlte sich zutiefst einsam und verzweifelt. Allmählich gewann sie den Eindruck, in einem tiefen, schwarzen Loch zu sitzen. Seifenopern und seichte Fernsehserien wurden zu ihrer einzigen geistigen Beschäftigung.

Als Julias Mann sein Studium beendet hatte, schwanden ihre Hoffnungen auf ein besseres Leben schnell. Er nahm eine Arbeitsstelle an, bei der er 25 Tage im Monat auf Geschäftsreise war, und sie musste wie eine Alleinerziehende leben. Dann gestand er ihr, dass er sie nicht mehr liebte und sich von ihr trennen wollte. Doch um der Kinder willen entschieden sie sich gegen eine Scheidung.

Nun war Julia klar, dass sie nie das Ehe- und Familienleben führen würde, das sie sich erhofft hatte. Eines Morgens, als dieser hoffnungslosen Frau der Gedanke durch den Kopf ging, dass das Gefühl der Einsamkeit das einzig Vertraute in ihrem Leben war, fasste sie den Entschluss, mit Hilfe der Zeiten der Einsamkeit zu wachsen, anstatt sich zu grämen. Sie begann zu lesen, ihre Gedanken aufzuschreiben und ihr Herz vor Gott auszuschütten. Bald entdeckte sie, dass ihre Persönlichkeit nicht von ihren äußeren Lebensumständen – beispielsweise mit wem sie verheiratet ist und was man von ihr erwartet – bestimmt wird, sondern davon, dass sie Gottes geliebtes Kind ist. Diese Erkenntnis half ihr aus dem Loch der Einsamkeit heraus und gab ihr den Mut zum Weiterleben. Sie beschäftigte sich mit Gottes Wort, anstatt stundenlang vor dem Fernseher zu sitzen. Sie suchte Gottes Nähe durch Bibellesen, Fasten und Beten. Und zum ersten Mal in ihrem Leben fand sie Kraft und Selbstvertrauen.

Heute ist Julia eine der stärksten, weisesten und einflussreichsten Frauen, die ich kenne. Sie leitet die Erwachsenenarbeit einer großen, wachsenden Kirchengemeinde, schreibt lehrreiche Artikel und Anleitungen für Bibelkreise und ist eine begehrte Rednerin zu den Themen „Erfolgreiche Gemeindearbeit" und „Persönliche Beziehung zu Gott". Ihr warmherziges Lächeln, ihr teilnahmsvoller Blick und ihre Ausstrahlung ziehen Frauen regelrecht an, weil sie hoffen, das Geheimnis ihrer Kraft zu erfahren. Sie und ihr Mann, mit dem sie inzwischen fünfzig Jahre verheiratet ist, haben sich wieder zusammengefunden und führen eine glückliche Ehe. Obwohl sie eine ungewöhnliche innere Kraft ausstrahlt, gibt Julia unumwunden zu, dass der Aufbau ihrer „geistlichen Muskeln" nicht einfach war. Lange und schwere Zeiten der Einsamkeit haben sie zu der Frau gemacht, die sie heute ist: gefestigter und fähiger, das zu bewältigen, was auf sie zukommt. Jetzt freut sie sich sogar über Zeiten des Alleinseins, weil sie ihr die Möglichkeit zum Wachstum bieten. Julia weiß, was es bedeutet, durch Zeiten der Einsamkeit stärker zu werden.

Geschäftig leben

Patricia ist eine einsame Frau. Aber auf den ersten Blick würde das niemand für möglich halten. Als Verwalterin gewerblicher Immobilien verdient sie gut, sie kann sich Reisen in alle Welt erlauben, spricht mehrere Sprachen, ist mit einem Profisportler verheiratet und hat verschiedene Hobbys wie Fallschirmspringen und Bergsteigen. Man würde meinen, dass es Patricia an nichts mangelt. Doch trotz Liebe, Geld, beruflicher Erfüllung, Unabhängigkeit und Anerkennung fühlt sich Patricia unsagbar einsam.

Da sie die Hauptverdienerin ist und keine Kinder hat, beschleicht sie oft das Gefühl, nicht zu den anderen Frauen ihrer Kirche, ihrer Wohngegend und ihrer Gemeinde zu passen. Sie hat wenig mit den anderen Frauen gemeinsam und es fällt ihr schwer, eine persönliche Beziehung zu anderen aufzubauen.

„Ich sehe, was die nichtberufstätigen Frauen in der Nachbarschaft und der Kirchengemeinde für ihre Familie tun – und dann befällt mich Bitterkeit", bricht es aus ihr heraus. Sie würde gerne ihren Beruf an den Nagel hängen und Kinder haben. Doch ihr Mann hatte noch nie für längere Zeit eine feste Arbeitsstelle, um eine Familie ernähren zu können.

„Ich fühle mich so schrecklich alleine und stehe ständig unter Stress, weil ich mich bemühe, meine Führungsposition, die lange Fahrt zur Arbeit und all den Termindruck mit der Hausarbeit unter einen Hut zu bekommen." Denn natürlich wollte sie auch beim Kochen, Saubermachen, Einkaufen und Aufräumen unübertroffen sein.

„Nicht, dass mein Mann nicht helfen will. Er hat einfach nicht die erforderlichen Fähigkeiten. Ich mache mich selbst kaputt. Ich verlasse das Büro oft etwas früher, um einzukaufen und sauberzumachen, arbeite dann zu Hause stundenlang am Computer und hetze am nächsten Morgen zurück zur Arbeit. Oft bin ich alleine, traurig und müde."

Da Patricia niemanden hat, der den Stress und die Hektik ihres Lebens versteht, fühlt sie sich als Frau einsam. Doch sie ist nicht alleine gelassen.

Mit Stress leben

Auch Kathy ist einsam. Doch es ist eine andere Art Einsamkeit. Ihre erwachsenen Kinder waren wieder bei ihr eingezogen und ihre hochbetagten Eltern wurden pflegebedürftig. Kathy hatte den Eindruck, dass sie viel Verantwortung alleine trägt und kein eigenes Leben mehr hat. Da jeder etwas von ihr wollte, kam sie sich wie in einer Wüste der Einsamkeit vor, obwohl sie im ganzen Haus kaum ein ruhiges Plätzchen finden konnte. (Vor Kurzem, als ihr Vater in ein Altersheim kam und ihre erwachsenen Kinder eine eigene Wohnung fanden, meinte Kathy, dass die Veränderungen in ihrer Familie nicht das Erhoffte bewirkten. „Die Ironie des Ganzen: Jetzt, wo der ganze Stress weg ist und wir nur zu dritt anstatt zu neunt sind, fühle ich mich genauso einsam wie zuvor.“)

Als Single leben

Auch Erin ist einsam. Sie hatte in der Vergangenheit mehrere ernsthafte Beziehungen und kommt jetzt nur schwer damit zurecht, dass sie mit über Vierzig immer noch Single ist. Sie füllt ihre Tage mit Arbeit, beteiligt sich aktiv in ihrer Kirchengemeinde und beschäftigt sich auch am Wochenende. Doch ständig wird sie an ihre Einsamkeit erinnert, wenn sie von Treffen und Veranstaltungen ausgeschlossen wird, weil sie nicht verheiratet ist; wenn sie Feiertage mit keinem lieben Menschen verbringen kann und wenn sie handwerkliche Dinge in der Wohnung alleine erledigen muss, bei denen ein paar Männerhände eine echte Hilfe wären.

Jini war als Frau in all den Jahren einsam, in denen sie sich mit ihrem unerfüllten Kinderwunsch herumquälte. „Mein Mann war sehr verständnisvoll, doch er war beruflich ausgelastet und hatte andere Dinge im Kopf. Ich war diejenige, die Monat um Monat nicht schwanger wurde. Es war die einzige Zeit in meinem Leben, in der ich dachte, dass alle es können, nur ich nicht.“ Obwohl sie wusste, dass Gott an ihrer Seite war, gestand Jini: „In dieser Zeit habe ich mich wirklich sehr einsam gefühlt.“

Für Carla begann die Zeit der Einsamkeit, als sie mit Anfang zwanzig endlich ihrer Familie anvertraute, dass der Mann ihrer Schwester sie sexuell belästigt hatte. Sie fühlte sich einsam und im Stich gelassen, als ihr niemand glaubte oder auch nur versuchte, auf sie einzugehen. Da sie merkte, dass niemand (weder ihre Eltern, noch ihr Mann, noch ihre engsten Freundinnen) ihren Schmerz und ihre Wut verstehen konnten, geriet sie in eine Wüste der Einsamkeit, in der sie jahrelang gefangen blieb.

Die Bemerkung einer meiner Freundinnen beschreibt treffend die Einsamkeit, die Frauen heute empfinden, obwohl sie vielbeschäftigt und von Menschen, Plänen und Lärm umgeben sind: „Auch unter Menschen, die einem nahestehen, kann man sich sehr einsam fühlen.“

Wir Frauen können durch bestimmte Lebensumstände, das Fehlen zwischenmenschlicher Beziehungen oder mangelnde Verbundenheit einsam werden. Wir sind einsam, wenn wir alleinstehend oder gestresst sind oder uns unverstanden fühlen. Tatsächlich sind wir so oft einsam, dass die Einsamkeit inzwischen zu einer wohlvertrauten Weggefährtin geworden ist.

Mit Einsamkeit leben

Beth kennt diese Weggefährtin sehr gut. Oft war sie ihre Begleiterin in den Wüsten ihres Lebens. Sie machte ihre Bekanntschaft in einer lieblosen Ehe, in der ihr Mann sie ständig betrog. In ihrer zweiten Ehe mit einem Mann, der sie aufrichtig liebte, musste sie feststellen, dass die Einsamkeit an ihrer Seite bleib, da ihr Mann beruflich oft unterwegs war.

Innerhalb von vier Jahren verlor Beth ihre Eltern, ihren Schwiegervater und ihr einziges Kind. Als ich mit ihr am Tisch saß und sie von den letzten Tagen erzählte, bevor ihre 26-jährige Tochter an einem Hirntumor starb, strahlten ihre Augen eine Hoffnung aus, die man angesichts der Wüsten, die sie durchlebt hatte, kaum für möglich gehalten hätte.

Dann verriet sie mir in zwei Sätzen das Geheimnis ihrer Kraft: „Ich habe gelernt, einsam zu sein“, flüsterte sie und lächelte dabei sanft, als ob das Wort einsam für sie etwas Kostbares bedeutet. „Ich habe gelernt, nicht nach einem Weg aus der Wüste zu suchen, sondern zu fragen, was Gott mir in der Wüste sagen will.“

Das Geheimnis entdecken

Was will Gott uns in der Wüste sagen? Dass wir wie Beth sein und der Einsamkeit ins Gesicht sehen können? Dass wir Hoffnung in den Augen und Freude im Herzen haben können, auch wenn unsere Ehe gescheitert ist, wir ein Kind verloren haben oder auf andere Weise vom Leben enttäuscht wurden? Vielleicht will er uns nicht auf etwas, sondern auf jemanden aufmerksam machen …

Beth ist sich sicher, dass das Geheimnis unserer Kraft nicht in unseren Lebensumständen liegt, sondern in demjenigen, den wir trotz dieser Umstände kennenlernen können, und in dem, was wir dabei über ihn erfahren. Die stärksten, fähigsten Frauen, die ich kenne, sind

Frauen, die einsam waren, Wüsten durchlebt haben und dabei Gott persönlich kennengelernt und angenommen haben und damit rechneten, dass er ihnen in diesen Zeiten der Einsamkeit etwas zeigen will.

Wo stehen Sie?

Und Sie? Haben Sie mit Einsamkeit zu kämpfen? Womit genau kämpfen Sie? Wären Sie gerne verheiratet oder glücklich in Ihrer Ehe? Wünschen Sie sich sehnlichst ein Kind oder eine berufliche Laufbahn oder einen Traum, der außer Reichweite scheint? Quälen Sie sich ab, weil Sie zu niemandem eine enge Beziehung haben oder weil Sie den Eindruck haben, dass niemand versteht, dass bestimmte Erlebnisse aus Ihrer Vergangenheit sich heute noch auf Ihre Gegenwart auswirken? Oder haben Sie es einfach satt, alleine für alles zuständig zu sein, und würden gerne die Last mit jemandem teilen?

Ich frage mich, was geschehen würde, wenn Sie die Weggefährtin Einsamkeit bereitwillig annehmen und nicht als Fremde betrachten, die Ihnen etwas wegnehmen will, sondern als Segensspenderin, die gekommen ist, um Ihnen etwas Wunderbares zu schenken!

Wenn wir in unserer Wüste der Einsamkeit sind, können wir uns im Allgemeinen nur schwer vorstellen, dass dabei etwas Gutes herauskommen kann. Wir sehen nur Probleme, die wie endlose Ebenen vor uns liegen, und Unsicherheiten, die sich wie hohe Sanddünen vor uns auftürmen. Doch Gott kommt oft dann, wenn wir am schwächsten und verletzlichsten sind, zeigt uns seinen Plan und schenkt uns seinen Segen. Halten Sie kurz inne: In den Zeiten, in denen wir alleine sind und über unser Leben nachdenken, ohne von anderen Menschen abgelenkt zu werden, sind wir vermutlich besonders offen für das, was Gott uns sagen will.

Ich habe allerdings die Vermutung, dass Gott oft in unsere einsame Dunkelheit kommt und uns seinen Plan für uns zeigen will und dann feststellen muss, dass sich bei uns alles nur darum dreht, aus dieser dunklen, einsamen Nacht herauszukommen; dass wir gegen ihn – oder unsere Lebensumstände – ankämpfen und uns um den Segen bringen, den er uns zugedacht hat. Wenn Gott uns einen Boten schickt, der uns Hoffnung bringen soll, dann wehren wir vielleicht diese Hoffnung ab und halten lieber am Negativen fest. Wenn wir alleine sind und Gott zu uns sprechen will, dann suchen wir möglicherweise nach Lärm oder Menschen oder irgendetwas, damit wir uns nicht so einsam fühlen. Oder wenn Gott uns leise zu verstehen gibt, dass er mit uns alleine sein will, dann finden wir einen Grund, dem Wink zu widerstehen, und wenden uns einem Menschen oder einer Sache zu. Wir kämpfen gegen Gott an und bringen uns um den Segen, den er uns schenken will.

Den Segen sammeln

Aus der Bibel wissen wir, dass für die, die Gott lieben, alles zum Guten führt (Römer 8,28). Gott hat uns vor langer Zeit in seinem Wort vieles versprochen, das er uns auch heute noch geben will. In Jeremia 29,11 sagt Gott: „Denn ich weiß genau, welche Pläne ich für euch gefasst habe … Mein Plan ist, euch Heil zu geben und kein Leid. Ich gebe euch Zukunft und Hoffnung." Gott hat dieses Versprechen zwar dem Volk Israel gegeben, aber da wir seine Kinder sind, können wir sicher sein, dass ihm auch unsere Zukunft am Herzen liegt. Warum hat Gott diese Pläne für uns? Erhofft er sich eine bestimmte Antwort? Aber sicher! In den Versen 12-14 lesen wir, warum Gott Gutes mit uns vorhat: „Wenn ihr dann zu mir rufen werdet, will ich euch antworten; wenn ihr zu mir betet, will ich euch erhören. Wenn ihr mich sucht, werdet ihr mich finden; ja, wenn ihr ernsthaft, mit ganzem Herzen nach mir verlangt, werde ich mich von euch finden lassen … Ich will euer Geschick wenden" (oder euch aus der Wüste der Einsamkeit herausholen).

Gott hat einen Plan für uns und will, dass wir zu ihm rufen, ihn kennenlernen, ihm vertrauen und in enger Verbindung mit ihm leben, damit wir diesen Plan ausführen können. Vielleicht hat er unseren Weg in die Wüste zugelassen, damit er ungestört mit uns reden und uns mit seiner Kraft füllen kann. Ich weiß nicht, wie es Ihnen geht, aber wenn ich mich in der Wüste der Einsamkeit befinde und nicht viele Menschen um mich herum sind, kann ich Gottes Stimme am deutlichsten hören. Wenn ich dagegen ohne Sorgen lebe und alles glattläuft, sehne ich mich weniger nach Gottes Stimme und höre nicht so aufmerksam auf ihn.

Gott hat nicht nur Pläne für uns. Er möchte auch, dass wir sie umsetzen können – ein deutlicher Hinweis darauf, dass wir nicht in der Wüste unserer Einsamkeit sterben werden. In Epheser 2,10 steht, dass wir „Gottes Schöpfung [sind]. Er hat uns in Christus Jesus neu geschaffen, damit wir zu guten Taten fähig sind, wie er es für unser Leben *schon immer* vorgesehen hat" (Hervorhebung durch die Autorin). Wenn wir geschaffen wurden, damit wir die guten Werke tun, die Gott für uns vorgesehen hat, dann ist Gott sicherlich nicht darauf aus, unser Leben zu zerstören, weil wir sie sonst nicht zuwege bringen können. Er will, dass wir ein erfülltes Leben nach seinem Plan führen. Aber entscheidend hier ist, dass es um seinen Plan geht, nicht um unseren.

Seine Pläne, nicht meine

Das musste ich vor vielen Jahren in meinem Leben lernen, als ich mir sehnlichst ein zweites Kind wünschte. Als unsere Tochter Dana ein Jahr alt war, beschlossen mein Mann und ich, dass wir für ein weiteres Kind bereit sind. Da ich bei unserer Tochter problemlos schwanger wurde, rechneten wir damit, dass wir unser zweites Kind wie das erste „nach Plan" bekommen würden. Doch als Monat um Monat verging und ich nicht schwanger wurde, machten wir uns Sorgen und gingen zum Arzt. Mein Arzt und ein paar wohlmeinende

Freundinnen meinten, wir sollten einfach entspannen, dann würde sich das Baby schon einstellen. Doch nach einigen Jahren war immer noch kein Baby da.

An einem Morgen im Sommer saß ich auf der Terrasse unseres Hauses und betete alle Versprechen Gottes in der Bibel durch und bat Gott, diese Versprechen zu erfüllen und mir das ersehnte zweite Kind zu schenken.

Ich erinnerte Gott daran, dass er in Jeremia 29,11 versprochen hatte, mir Zukunft und Hoffnung zu geben. Ich berief mich auf Psalm 37,4: „Freu dich am Herrn, und er wird dir geben, was dein Herz wünscht." Und ich hielt ihm Psalm 84,12 vor, wo er verspricht: „Der Herr wird denen nichts Gutes vorenthalten, die tun, was recht ist."

Da musste ich plötzlich mitten im Gebet abbrechen! Gott hat versprochen, mir Heil zu geben, mir zu schenken, was mein Herz wünscht und mir nichts Gutes vorzuenthalten. Doch das bedeutet nicht unbedingt, dass er mir ein Baby verspricht. Ja, Gott hat versprochen, mir Heil zu geben (und ich nahm an, das bedeutet, dass er mir noch ein Kind schenkt). Doch meinte er das wirklich so? Er hat versprochen, mir eine Zukunft zu geben (und ich nahm an, es handelte sich um eine Zukunft mit einem zweiten Kind). Aber war das wirklich sein Plan für meine Zukunft? Er hat versprochen, mir nichts Gutes vorzuenthalten, doch was genau meinte er mit Gutem? Als mir klar wurde, dass ich davon ausging, dass meine Wünsche auch Gottes Wünsche sind, verbrachte ich einige Tage im Gebet und fragte Gott, was er für mein Leben will, wie seine Zukunftspläne für mich aussehen und was er für mein Leben für „gut" hält.

In diesen Tagen erinnerte Gott mich daran, dass ich schon lange den Wunsch hegte, Bücher zu schreiben. Schon als Kind war es mein Wunsch, Autorin zu werden. Als Erwachsene wollte ich Bücher schreiben, die Frauen ermutigen. Ich hatte gehofft, nach Danas Geburt ein paar Bücher schreiben zu können. Aber das Leben als junge Mutter war hektisch, und die Bücher wurden nie geschrieben. Und jetzt saß ich hier, hoffte immer noch, Bücher schreiben zu können und bat Gott um ein zweites Kind! Ich sagte dem Herrn, dass ich tief im Herzen immer noch den Wunsch hatte, zu schreiben, auch wenn dies den Verzicht auf ein zweites Kind bedeuten würde. An diesem Tag übergab ich Gott meinen Wunsch nach einem zweiten Kind. Das zweite Kind ist bis heute nicht gekommen. Aber Sie lesen gerade das zweite Buch. Und seither habe ich neun weitere Bücher geschrieben. Gott hatte eine Zukunft für mich – aber es war nicht die Zukunft, wie ich sie mir ausgedacht hatte.

Wenige Tage nachdem ich meinen Wunsch nach einem zweiten Kind Gott übergeben hatte, rief mich der Arzt an und teilte mir die Ergebnisse der Untersuchungen mit, die mein Mann und ich machen ließen. „Wissen Sie, dieses Wunderbaby, für das Sie beten, das haben Sie schon vor drei Jahren bekommen!" Er erklärte mir, dass bei meinem Mann und mir eine immunologische Inkompatibilität vorliegt und dass wir eigentlich überhaupt keine Kinder hätten bekommen können!

Noch heute bin ich tief bewegt, wenn ich daran denke, dass Gott in die Wüste meiner Einsamkeit gekommen ist, als ich auf ein zweites Kind wartete. Er überbrachte mir die Botschaft, dass er mir schon ein großes Geschenk gemacht hatte (als Dana ein paar Jahre zuvor zur Welt kam) und dass er für mich ein neues Gebiet voller Segen (Schreiben und Vorträge) vorgesehen hat. Ich bin dankbar für seine Pläne, nicht für meine. Und ich bin dankbar, dass er mich in diese Einsamkeit geführt hat, in der ich seine Botschaft als Segen und nicht als etwas Schmerzliches erfahren konnte.

Verborgene Schätze

Was möchte Gott Ihnen in Ihrer Wüste der Einsamkeit wohl sagen? Dass jetzt, wo Ihr Mann Sie verlassen hat, er Ihr Mann sein will? Dass er sogar aus Ihrem unerfüllten Kinderwunsch etwas Gutes machen kann? Dass Sie Ihre Stelle oder einen lieben Menschen verloren haben, weil er Ihnen eine neue Richtung weisen will? Dass er Ihnen in dieser Zeit der Einsamkeit ganz neu begegnen will? Vielleicht ist es etwas, um das Sie nie gebeten haben. Doch wenn es aus Gottes Hand kommt, dann ist es wirklich gut.

Gott hat Ihnen etwas zu sagen. Er will Ihnen etwas zeigen. Er hat seine Gründe, weshalb er zugelassen hat, dass Sie in diese Wüste geraten sind – und aus seiner Sicht sind es gute Gründe. Gott hat Pläne für Sie, Pläne zu Ihrem Heil, die Ihnen Hoffnung und Zukunft geben. Glauben Sie das? Möchten Sie einen kleinen Einblick in diese Pläne und die Zukunft bekommen? Dann hören Sie auf zu kämpfen und lassen Sie Gott sprechen.

Sie sind vermutlich erstaunt über das, was er zu sagen hat.

Zum Weiterdenken:

- *Machen Sie eine Liste der „guten" Dinge in ihrem Leben, für die Sie dankbar sind. Wo können Sie Gottes Segensspuren erkennen? Stellen Sie sich vor, ihr Leben wäre bisher ganz anders verlaufen: Welchen Segen hätten Sie nach jetzigem Stand der Dinge vielleicht verpasst? Danken Sie Gott für das, was Ihnen diesbezüglich auffällt.*
- *Treffen Sie sich in dieser Woche mit einer Freundin und erzählen Sie ihr, was Sie in Ihren einsamen Momenten erlebt haben und wie Gott Ihnen darin begegnet ist.*
- *Es ist Gottes Absicht, Ihnen Gutes zu tun. Lesen Sie doch einmal hier nach, wie er das tun möchte: Jeremia 29,11-13; Psalm 37,4; Römer 8,28-29 und Psalm 84,11.*

Kapitel 2

Einsam im Herzen: auf den „himmlischen Ehemann" sehen

ICH glaube, dass wir uns alle zuweilen innerlich einsam fühlen, egal, ob wir verheiratet sind oder nicht. Sandy ist Single und hat das oft empfunden.

„Ich bin nicht gerne Single“, gestand sie mir eines Tages mit Tränen in den Augen. „Ich wollte immer Ehefrau und Mutter sein und kann mir nicht vorstellen, dass Gott für mich etwas anderes vorhat.“ Sandy hat all die herkömmlichen Sprüche gehört: *Vertraue auf Gottes Zeitplan, nicht auf deinen. Konzentriere dich auf deine Beziehung zu Gott, dann wird er dir eine Beziehung zu einem Mann schenken. Du findest die Liebe erst, wenn du aufhörst, nach ihr zu suchen.*

Aber diese Sätze helfen ihr nicht mehr. Sandy ist inzwischen über dreißig und hat Angst, dass ihre Chancen, noch jemanden zu finden, rapide abnehmen.

„Für mich ist es das Schlimmste, wenn ich abends in eine leere Wohnung zurückkomme, wenn ich die Tür aufmache und es herrscht absolute Stille“, berichtete sie. „Niemand ist da, der mich begrüßt, niemand freut sich, dass ich da bin.“ In ihrem Kopf weiß Sandy, dass Gott da ist, aber im Herzen fühlt sie sich trotzdem einsam.

Auch Vickie ist einsam, obwohl sie seit 40 Jahren verheiratet ist. Als sie im Alter von achtzehn Jahren heiratete, dachte sie nicht im Traum daran, dass sie sich je einsam fühlen würde. Doch dann entdeckte sie, dass ihr Mann sich innerlich zurückzog, sobald es Konflikte oder Stress gab oder wenn er überfordert war. Deshalb lebte Vickie in ihrer Ehe weitgehend einsam. „Manchmal hat sich mein Mann so sehr von mir abgeschottet, dass ich es fast wie eine Scheidung empfand“, schildert sie. Vickie und ihr Mann sind seit Langem in psychologischer Beratung und versuchen, „all die Dinge, die sich im Lauf der Jahre angesammelt haben und nicht geklärt worden sind“, aufzuarbeiten. Beide sind entschlossen, um ihrer Ehe willen die Sache durchzuziehen. Doch in der Zwischenzeit baut Vickie darauf, dass Gott ihre Sehnsucht nach einer engen Beziehung stillt und ihr zeigt, dass sie nicht alleine ist.

Theresa fühlt sich ebenfalls einsam. Vor einigen Jahren ließ sie sich scheiden, weil ihr Mann sich weigerte, wegen seiner Alkoholsucht Hilfe in Anspruch zu nehmen. Obwohl sie einräumt, dass es ihr ohne ihn besser geht, verstärkt sich bei ihr der Schmerz der Einsamkeit, wenn sie an ihren geschiedenen Mann denkt, der jetzt mit einer anderen Frau zusammenlebt. „Warum hat er jemanden und ich nicht?“, fragte sie mich eines Tages. „Das ist nicht gerecht.“

Wir sollten uns vor Augen halten, dass mitten in unserer Einsamkeit unsere Sehnsucht gestillt werden kann. Egal, ob wir uns nach einem Ehemann sehnen oder ob wir uns eine tiefe innere Verbundenheit mit dem Mann wünschen, den wir haben.

Märchen von Tatsachen trennen

„Verliebt, verlobt, verheiratet, und dann lebten sie glücklich und zufrieden bis ans Ende ihrer Tage.“ Schon als kleine Mädchen haben wir gehört, dass das der Schlüssel zu unserem Glück ist. Dieses Märchen wurde uns immer wieder eingetrichtert, bis wir zu der Überzeugung gelangt sind, dass wir nur einen Lebenspartner finden müssen, um uns nie mehr einsam zu fühlen. Doch das stimmt einfach nicht. Fragen Sie Vickie. Oder Theresa. Oder mich.

Wir können einsam sein, wenn wir einen Mann heiraten, der viel unterwegs ist oder eine aufreibende Arbeitsstelle hat, der nicht sehr mitteilsam ist oder keine enge Beziehung mit uns eingeht. Und natürlich fühlen sich auch Singles, Geschiedene oder Witwen einsam.

Meiner Meinung nach liegt das daran, dass wir Frauen als Beziehungswesen geschaffen wurden. Deshalb kommen wir uns oft unvollständig vor, wenn wir nicht in einer Beziehung leben.

Niemand braucht uns

Als Gott die erste Frau schuf, hat er sie als Helferin vorgesehen. „Und Gott, der Herr, sprach: Es ist nicht gut, dass der Mensch allein sei; ich will ihm eine Gehilfin machen, die um ihn sei“ (1. Mose 2,18; LUT). Folglich schuf Gott die Frauen als Helferinnen, Partnerinnen, Weggefährtinnen, Freundinnen, die Mut machen und lieben. Da wir von unserem Wesen her Helferinnen sind, kann es hin und wieder für uns frustrierend sein, wenn niemand unsere Hilfe braucht; wenn ein Mensch, den wir lieben, unsere Hilfe nicht mehr will; wenn unsere Kinder meinen, dass es ihnen ohne unsere Hilfe besser geht; wenn wir entdecken, dass wir keine Hilfe sind, oder von dem Gefühl geplagt werden, dass wir anderen nicht helfen können. Was soll eine Frau, deren Hilfe niemand braucht, dann tun?

Wir wissen auch, dass Gott uns Frauen nach seinem Bild geschaffen hat (1. Mose 1,27) und dass deshalb unser Wunsch, grenzenlos zu lieben und geliebt zu werden, Gottes Wesen und seinem vollkommenen Plan für uns entspricht. Aber Gott wusste sehr wohl, dass Männer schlichtweg nicht in der Lage sind, unseren emotionalen Tank vollständig zu füllen. Ich glaube, das war Absicht. Da er uns mit Bedürfnissen geschaffen hat, die nur er erfüllen kann, hat er in unserem Herzen einen Platz für sich alleine reserviert.[1] Vielleicht hat er in uns einen Brunnen angelegt, der so tief ist, dass nur er ihn füllen kann und wir ohne enge Beziehung zu ihm weder zutiefst zufrieden noch vollständig sind, egal, ob wir verheiratet sind oder nicht.

Aus der Bibel wissen wir, dass Gott eifersüchtig ist (2. Mose 20,5). Er lässt sich den ersten Platz in unserem Leben von niemandem streitig machen. Er will – und verdient – den ersten Platz in unserem Herzen. Er will der Eine sein, der dafür sorgt, dass wir uns nicht einsam fühlen.

Jetzt möchte ich Ihnen die Geschichte einer Frau erzählen, die in ihrer Ehe keine Liebe und Erfüllung fand und dann entdeckte, wie Gott zum Mann ihres Lebens werden konnte. Ich glaube, dass Sie das nachvollziehen können, wenn Sie in einer Beziehung einsam sind. Die Frau hieß Lea, und wir können ihre Geschichte in der Bibel lesen.

Leas Geschichte

Höchstwahrscheinlich hatte Lea Hoffnungen und träumte von einer glücklichen Ehe wie jede andere Frau damals (und heute) auch. Eigentlich wollte sie nur, dass ihr Mann Jakob sie liebt. Aber Jakob liebte Rahel, Leas Schwester. Lea musste nicht nur mit dieser Kränkung leben, sondern wurde vermutlich jeden Tag daran erinnert, dass sie neben ihrer schönen jüngeren Schwester nur die zweite Wahl war.

Arme Lea! Die Heirat fand überhaupt nur statt, weil ihr Mann hereingelegt wurde. Ihr Vater hatte eine List ausgeheckt, weil er möglicherweise dachte, dass kein Mann von sich aus seine ältere Tochter Lea heiraten würde. Nach der Feier von Jakobs und Rahels Vermählung befahl der Vater seinen Töchtern, in der Hochzeitsnacht die Plätze zu tauschen, und als Jakob am nächsten Morgen aufwachte und Lea in seinem Bett vorfand, wurde er wütend. Ich kann mir vorstellen, wie verletzend es für Lea gewesen sein musste, als sie hörte, wie sich ihr frisch vermählter Ehemann beklagte, dass er sie bekommen hat – nachdem sie sich ihm in der Nacht zuvor hingegeben hatte. Vermutlich hörte sie Tag für Tag, weshalb ihr Mann lieber mit Rahel als mit ihr zusammen wäre. Ich kann mir gut vorstellen, dass es Lea wie jeder Frau das Herz zerriss, wenn sie hörte, wie über ihre Unzulänglichkeiten gesprochen wurde und warum ihr Mann lieber mit einer anderen verheiratet wäre! Doch in alledem gab Lea nicht auf. Sie war fest entschlossen, alles zu tun, um das Herz ihres Mannes zu gewinnen. Und sie war davon überzeugt, dass sie ihm hierzu einen Sohn schenken musste.

Die Bibel berichtet, dass Gott sah, dass Lea nicht geliebt wurde und er ihr deshalb ein Kind schenkte (1. Mose 29,31). Als Lea ihren ersten Sohn geboren hatte, sagte sie: „Der Herr hat meine Not bemerkt, jetzt wird mein Mann mich lieben" (1. Mose 29,32). Doch Jakobs Liebe stellte sich nicht ein. Sie bekam einen zweiten Sohn und dann noch einen. Nachdem sie ihren dritten Sohn zur Welt gebracht hatte, hoffte sie, dass es jetzt endlich klappen würde und erklärte: „Ganz sicher wird mein Mann mir jetzt seine Zuneigung schenken, denn ich habe ihm drei Söhne geboren" (1. Mose 29,34). Doch die Haltung Jakobs änderte sich nicht.

Nachdem sie Jakob einen vierten Sohn geschenkt hatte und erkennen musste, dass ihr Mann immer noch Rahel liebte, sagte sie einfach: „Nun will ich den Herrn preisen!" (1. Mose 29,35).

Ich finde es bewundernswert, wie sie allmählich ihre Prioritäten neu ausrichtete. Sie bemühte sich nicht mehr angespannt um die Liebe ihres Mannes, sondern schaute auf den Herrn, der sie liebte. (Im Übrigen hat Gott Juda, diesen vierten Sohn, als Vorfahre seines Sohnes Jesus ausgewählt. Ist es möglich, dass Gottes Belohnung eintraf, sobald Lea ihre Prioritäten richtig gesetzt hatte?)

Ein paar Jahre später gebar Lea zwei weitere Söhne und eine Tochter, und ihre letzte Äußerung lautete nicht, dass ihr Mann sie jetzt lieben würde, sondern dass Jakob „mich mit Würde und Respekt behandeln" wird. Inzwischen war sich Lea wohl bewusst, dass die Liebe und Hingabe ihres Mannes für sie unerreichbar waren. Und vielleicht lernte sie nach vielen erfolglosen Versuchen, sich nicht mehr um das Herz des Mannes zu bemühen, das sie nie gewinnen konnte, sondern für Gott zu leben, der sie schon immer geliebt hat.

Wir können davon ausgehen, dass Leas Wüstenerfahrung – die Lieblosigkeit ihres Mannes – der Grund dafür war, dass sie nach einer Oase der Liebe Gottes suchte und Gott schließlich als ihren

„himmlischen Ehemann" betrachtete, für den sie leben konnte. Die Liebe, die sie bei Gott fand, gab ihr offenbar die Gewissheit, dass es ihn wirklich gibt. Ich sage das aus folgendem Grund: Später, als Jakob und seine Frauen und Kinder wegzogen, war es Rahel und nicht Lea, die die Hausgötter mitnahm (1. Mose 31,17-19.34). Anscheinend hat Lea Gott so konkret und persönlich erfahren, dass sie ihre Befriedigung nur bei Gott suchte. Anders als Rahel verehrte Lea ihren Gott und nicht die Holzfiguren, die sie von Kind auf angebetet hatte.

Und weil Leas Sohn Juda als Vorfahre von Jesus auserwählt wurde, können wir annehmen, dass Gott die Frau mit Wohlwollen betrachtete, die ihren Mann liebte, obwohl sie keine Gegenliebe erhielt, und trotz schlechter Behandlung ihrem Mann treu blieb. Offensichtlich hat Gott Lea für das entschädigt, was in ihrer Ehe fehlte, denn er hat ihr unvergängliche Segnungen geschenkt.

Prioritäten neu setzen

Mein Hinweis auf unvergänglichen Segen ist wahrscheinlich nicht sehr hilfreich, wenn Sie gerade darunter leiden, dass Sie sich mit Ihrem Mann innerlich nicht verbunden fühlen oder dass Sie gar keinen Mann haben. Ich möchte Ihnen mit folgendem Satz Mut zusprechen: Eine Ehe hier auf der Erde ist zeitlich begrenzt. Sie dauert höchstens so lange, bis Sie oder Ihr Ehepartner sterben. Aber die Ehe mit Gott dauert ewig. In den Zeiten, in denen ich trotz Ehe einsam war (verheiratet mit einem introvertierten Pfarrer, der sich sehr für seine Gemeinde einsetzte), habe ich selbst erfahren, dass meine Gedanken nicht mehr um unerfüllte Erwartungen an meine Ehe kreisten und ich trotzdem als geliebte Frau voll Freude leben konnte, wenn ich mich auf meinen „himmlischen Ehemann" ausrichtete.

Worum geht es eigentlich, wenn man von einer Ehe mit Gott spricht?

Im ganzen Alten Testament spricht Gott von Israel, seinem auserwählten Volk, als seiner Braut. In Jesaja 54,5 sagt er zu Israel: „Denn dein Schöpfer ist dein Ehemann. Sein Name ist Herr, der Allmächtige!“ Im Neuen Testament nennt Jesus sich selbst einen Bräutigam und die Kirche (diejenigen, die ihm als Retter und Herrn vertrauen) seine Braut. Jesus verspricht auch, dass er vorausgeht, um uns einen Platz im Himmel vorzubereiten, und dass er dann wiederkommt, um uns, seine Braut, zu holen, damit wir bei ihm wohnen (siehe Johannes 14,2-3). Es ist in der Bibel nicht zu übersehen, dass Gott seine Liebe zu uns mit einer Beziehung zwischen Ehemann und Ehefrau vergleicht. Offensichtlich will er uns damit auf etwas Wesentliches hinweisen.

Die Ehe nicht überbewerten

Könnte dieses Wesentliche darin bestehen, dass Gott möchte, dass wir ihn als unseren „himmlischen Ehemann“ betrachten? Dass wir ihn als denjenigen sehen, der unsere Hoffnung und Zukunft in der Hand hat? Ich bin davon überzeugt! Wenn wir vor Gott und unserem Ehepartner das Eheversprechen ablegen, dann hat zweifellos die Ehe Vorrang vor allen anderen Beziehungen hier auf der Erde (auch zu unseren Kindern), und wir sollten alles Menschenmögliche tun, damit unsere Ehe gelingt, bis der Tod uns scheidet. Doch wenn unsere Sichtweise neu ausgerichtet ist und wir Frauen uns sagen, dass wir zuerst mit Gott verheiratet sind, dann ändert sich unsere Einstellung zu unserer menschlichen Ehe oder zu unserem Single-Dasein grundlegend.

Anscheinend war das bei Geri der Fall. Geri war eine atemberaubend schöne Frau, die mich nach einem Vortrag ansprach. Ich hatte gerade eine große Gruppe Frauen ermutigt, der Einladung von Jesus zu folgen und eine enge persönliche Beziehung zu ihm aufzubauen.

Als Geri auf mich zukam, sah ich, dass sie Tränen in den Augen hatte. „Vor drei Jahren hat mein Mann mich verlassen“, berichtete sie. „Heute wäre unser zwanzigster Hochzeitstag." Ich drückte ihre Hand, und sie erzählte weiter: „Vergangene Nacht habe ich gebetet, dass mein Mann mich heute anruft. Mehr will ich gar nicht – nur einen Anruf." Geri brauchte einige Zeit, um sich zu fassen, dann sprudelte es aus ihr heraus: „Jetzt wird mir klar, dass Gott mein Gebet erhört hat. Mein Mann hat mich heute tatsächlich gerufen." Ihr Lächeln und die Freudentränen in ihren Augen zeigten mir, dass sie zum ersten Mal in drei schmerzlichen Jahren verstanden hatte, wer ihr wirklicher Ehemann ist. An jenem Tag ging sie mit neuer Hoffnung in den Alltag zurück, mit einer Hoffnung, die sich auf die Gewissheit gründet, dass sie von dem, der sie nie verlässt, geliebt und wertgeschätzt wird.

Jesus hat uns gesagt, dass die Ehe auf dieser Erde nur für unsere Lebenszeit und nicht für die Ewigkeit gilt (Matthäus 22,30). Sie endet mit Ihrem Tod oder dem Tod Ihres Ehepartners. (Leider enden viele Ehen wesentlich früher durch Trennung oder Scheidung.) Aber Ihre Ehe mit Christus ist ewig. Hier auf der Erde ähnelt Ihre Beziehung zu ihm einer Verlobungszeit, die eigentliche Hochzeit wird erst im Himmel stattfinden. Jesus hat versprochen, dass wir im Himmel an seinem „Hochzeitsmahl" (Offenbarung 19,9) teilnehmen. Welche Hochzeit? Unsere Hochzeit mit ihm.

Die vollkommene Ehe

Wie wird unsere Ehe mit Christus aussehen? Ich glaube, dass Gott die Ehe zwischen Mann und Frau hier auf der Erde eingerichtet hat, damit wir einen kleinen Eindruck von der Ehe mit Christus im Himmel bekommen. Versuchen wir, uns auszumalen, wie es sein wird: Eine Ehe mit Christus wird eine vollkommene Einheit von bedingungsloser Liebe und Vertrauen, Empfindsamkeit, Einfühlungsvermögen, Zärtlichkeit, Sicherheit, Versorgung und Erfüllung sein. Sie wird völlig frei sein von all dem Negativen, das wir unter Umständen in unserer eigenen Ehe oder in der Ehe von anderen erlebt haben. Denn im Himmel werden wir mit dem Einen, mit Jesus Christus, verheiratet sein, der vollkommen ist und nur Güte, Treue und Liebe kennt. In einer Ehe mit ihm werden Sie als kostbarste, schönste und begehrteste Braut behandelt. Denn das sind Sie in seinen Augen.

Wenn Sie jetzt an etwas Sexuelles denken, dann haben Sie eine falsche Vorstellung. Es geht nicht um eine sexuelle Beziehung. Stellen Sie sich stattdessen Gott als Ehemann so vor, wie ein verantwortungsvoller Mann in der Bibel beschrieben wird. Ein Ehemann muss zum Beispiel seine Frau versorgen, schützen, trösten, ermutigen, unterstützen und lieben. Das alles tut Gott! Und da er vollkommen und ohne Sünde ist, kann er das viel besser als jeder menschliche Ehemann.

Wenn ich sage, dass er unser Ehemann ist, dann meine ich damit keineswegs, dass wir unseren irdischen Ehemann vernachlässigen oder geringschätzen sollen. Und auf keinen Fall will ich damit sagen, dass wir unseren Ehemann fallenlassen oder aus der Ehe aussteigen sollen. Im Gegenteil! Ich empfehle, dass wir gewisse Erwartungen nicht mehr an unseren Ehemann, sondern an Gott stellen, und dass wir unserem Ehemann dadurch zeigen, wie sehr wir ihn lieben. Wenn wir die Erwartungen an unseren Ehemann herunterschrauben, fühlt er sich vermutlich erleichtert und liebt uns so gut er kann, ohne dass unrealistische Erwartungen bedrohlich auf ihm lasten.

Hohe Erwartungen

Vor Kurzem nahm meine Schwester an einer Ehetagung teil, in der die Redner betonten, dass in einer Ehe nur eine einzige Person alle emotionalen Bedürfnisse des anderen erfüllen kann: der Ehepartner. Außerdem wurde den Ehemännern erklärt, es sei ihre Pflicht, die inneren Verletzungen zu heilen, die ihrer Frau in der Vergangenheit zugefügt wurden, und sie zu der unversehrten, zuversichtlichen und erfüllten Frau zu machen, die sie nach Gottes Willen sein soll.

Was für eine Aufgabe! Ich kann mir vorstellen, dass nach dieser Tagung eine schwere Verantwortung auf den Schultern dieser Männer lastete – und dass sie bald entdeckten, dass sie dieser Verantwortung nicht gewachsen waren. Und vermutlich warteten einige herbe Enttäuschungen auf diese Frauen, wenn sie entdeckten, wie viel Wahrheit in den Worten Jeremias steckt, der sinngemäß sagt: Wenn wir uns darauf verlassen, dass Menschen – unser Ehemann – dafür sorgen, dass wir ein erfülltes Leben führen, sind wir wie ein kümmerlicher Wacholderstrauch in der Wüste (siehe Jeremia 17,5-6). Mit anderen Worten: Wir werden dann wie vertrocknete Sträucher sein, die sich in alle Richtungen ausstrecken, um etwas Liebe zu bekommen. Tatsache ist, dass kein Mann und keine Frau den emotionalen Tank eines anderen vollständig füllen kann. Nicht nur die Bibel weist darauf hin, auch unsere Erfahrungen bestätigen diese Wahrheit. Hier handelt es sich um eine übermenschliche Aufgabe, die nur Gott erledigen kann!

Das Geheimnis des Erfolgs

In meiner eigenen Ehe habe ich festgestellt, wie sehr es meinen Mann frustriert, wenn er bei seinen Versuchen, die lange Liste meiner emotionalen Erwartungen zu befriedigen, merkt, dass er ihnen bei Weitem nicht gerecht werden kann. Und wie mich das erst frustrierte! Ich habe aber noch etwas festgestellt: Wenn ich diese Erwartungen nicht mehr an Hugh richte, sondern an Gott, wo sie hingehören, dann fühlt Hugh sich erleichtert und kann mich so lieben, wie er kann – ohne Schuldgefühle zu haben oder fürchten zu müssen, dass er meinen Ansprüchen nicht gewachsen ist. Da ich mich außerdem mehr auf meine Beziehung zu Gott konzentriere, bin ich weniger hinter meinem Mann her, was wiederum dazu führt, dass Hugh mehr hinter mir her ist. (Ich glaube, das mögen Männer!) Dadurch empfinden wir unsere Ehe nicht als Pflicht, sondern als gegenseitige Bereicherung. Je mehr ich Jesus liebe, umso mehr Liebe schenkt er mir für meinen Mann – und zwar so eine, die frei von Forderungen und Enttäuschungen ist.

Wie die erste Liebe

Worauf konzentrieren Sie Ihre Kraft, wenn es um Ihr Liebesleben geht? Ist Jesus Ihre erste Liebe? In der Ewigkeit wird er Ihr Mann sein. Wollen Sie nicht Ihr Leben hier auf der Erde als großartige Verlobungszeit mit ihm verbringen, damit Sie im Himmel da weitermachen können, wo Sie hier einmal aufhören?

Ich erinnere mich an meine viermonatige Verlobungszeit mit Hugh. Wir hatten eine Fernbeziehung und die wenigen Male, an denen wir uns sahen, bedeuteten uns wirklich viel. Wir träumten von dem Augenblick, in dem wir „Ja“ zueinander sagen würden und dann nie mehr, nicht einmal einen Tag lang, getrennt sein müssten! (Wie manch andere Turteltäubchen haben wir uns dieses Versprechen gegeben!) Ich erinnere mich, dass ich zwischen den Besuchen das Gefühl hatte, sterben zu müssen, wenn ich nicht bald mit Hugh zusammen sein könnte. Ich sehnte mich nach dem Tag, an dem ich seine Frau werden sollte und wir nie wieder auseinandergehen müssten.

Selbstverständlich konnten wir dieses Versprechen nicht halten. Bei meinen Reisen als Rednerin und der Arbeit meines Mannes als Pfarrer hatten wir nicht oft die Gelegenheit – oder den Luxus – gemeinsam auf Dienstreise zu gehen.

Als ich mit dem Schreiben dieses Buches begann, war er zwei Wochen lang im Dschungel von Papua-Neuguinea unterwegs – ohne Telefon, Computer oder Post, um in Verbindung bleiben zu können. Seither hat er weitere Länder für jeweils zwei Wochen bereist, und ich durchlebte dabei lange angespannte Stunden, da ich nichts von ihm hörte, aber wusste, dass er in diesen Ländern auf einige der höchsten Berge kletterte. Das Versprechen, nie mehr auseinanderzugehen, war nicht realistisch, da wir unsere beruflichen Verpflichtungen hatten und außerdem Rucksacktouren sein Hobby waren. Wegen unserer Liebe zueinander fallen uns Trennungen aber immer noch nicht leicht.

Empfinden wir eine ähnliche Sehnsucht, wenn es um unseren „himmlischen Ehemann" geht? Sehnen wir uns nach dem Tag, an dem wir für immer mit ihm vereint sein werden? Eine solche Sehnsucht sollten wir im Herzen haben. Wenn unsere Beziehung zu Christus Vorrang hat und er die Mitte unseres Lebens ist, werden wir wahre Befriedigung erleben, sogar in Zeiten der Einsamkeit.

Ich möchte Ihnen jetzt drei praktische Schritte aufzeigen, die wir jeden Tag in unserer Beziehung mit Gott gehen können, um die Leere zu füllen, die kein Mann füllen kann.

1. *Sprechen Sie mit Gott über alles, was Sie bewegt.* Beziehungen leben von Kommunikation. Und oft beginnt alles damit, über kleine Dinge zu sprechen und ein empfindsameres und offeneres Miteinander aufzubauen. Sprechen Sie täglich mit Gott über die kleinen Dinge Ihres Alltags. Denn anders als die meisten Männer hört er gerne alle Einzelheiten. (Gott sagt nie: „Komm endlich zur Sache!") Wenn Sie mit allem, was Sie beschäftigt, zuerst zu Gott gehen, haben Sie Ihrem Mann weniger vorzujammern, und das macht Sie für ihn vermutlich attraktiver oder geheimnisvoller.

Wenn ich mehr mit Gott und weniger mit Hugh spreche, dann interessiert er sich meiner Erfahrung nach mehr für mein Leben und hat mehr Lust auf ein Gespräch mit mir. Es bringt frischen Wind in unsere Ehe, wenn mein Mann derjenige ist, der vorschlägt: „Wir müssten uns mal wieder zusammensetzen und miteinander sprechen." Wenn Sie nicht verheiratet sind, dann sprechen Sie mit Gott über Ihren Tag. Er will und kann Ihr Bedürfnis nach einem Gesprächspartner und einem offenen Ohr stillen.

2. *Vertrauen Sie Gott allein.* Vertrauen ist eine weitere wesentliche Grundlage einer guten Beziehung. Gott möchte, dass Sie darauf vertrauen, dass er für Sie sorgt, Sie beschützt und in verschiedenen Angelegenheiten berät, wie Sie es von einem Ehemann erwarten. Suchen Sie in Gottes Wort nach Hinweisen, wenn Sie vor einer wichtigen Entscheidung stehen. Warten Sie auch bei kleinen Entscheidungen auf seine Führung. Vertrauen Sie auf sein Wort, auf sein Versprechen, dass er finanziell und auch anderweitig für Sie sorgt, wenn es eng wird. Im Gegensatz zu einem menschlichen Ehemann hat Gott unbegrenzte Besitztümer. (In Psalm 50,10 lesen wir, dass die Rinder auf tausend Bergen ihm gehören!) Er hat alle Reichtümer, die Sie jemals brauchen, wenn Sie in der Klemme stecken!

Außerdem ist und wird Gott von nichts überrumpelt. Er kann keine Fehler machen und vermasselt deshalb auch nichts. Da seine Zeitplanung perfekt ist, müssen wir keine Angst haben, etwas zu versäumen. Glauben Sie nicht, dass das schon etwas Druck aus der Beziehung zwischen Ehepartnern nimmt? Erwarten Sie nicht mehr alles von Ihrem Mann, sondern legen Sie die Dinge in Gottes Hand.

Fühlen Sie sich als Single nicht etwas geborgener in der Gewissheit, dass Sie nicht alleine sind, dass jemand da ist, der die unerledigten Probleme Ihres Lebens anpackt und Ihnen hilft?

3. *Betrachten Sie Ihr Leben mit Gott als Partnerschaft.* Wenn Sie verheiratet sind, dann teilen Sie höchstwahrscheinlich alles mit Ihrem Ehepartner, angefangen vom Geld über die Wohnung bis hin zu allem Besitz. Das gilt auch für die „Ehe" mit Gott – nur dass hier alles ihm gehört und er Ihnen Zugang zu seinem Eigentum gewährt. Teilen Sie Ihre Zeit, Ihre Pläne, Ihre Finanzen, Ihre Liebe, Ihre Gedanken, Ihre Sorgen, Ihre Hingabe und Ihre Treue mit ihm, dann müssen Sie nie befürchten, dass das, was Sie ihm geben, missbraucht, verloren oder für selbstverständlich gehalten wird.

Meine 70-jährige Freundin Lee lebt solch eine tägliche Partnerschaft mit Gott. Das geschah allerdings nicht von einem Tag auf den anderen. Jahrelang glaubte Lee, dass sie sich nur mit einem Ehemann glücklich und vollständig fühlen kann. In mehreren Ehen suchte sie nach Befriedigung. Nach zwei Scheidungen und dem Tod eines Ehepartners fühlte sie sich einsamer als je zuvor. Ihr Leben änderte sich, als sie erkannte, wer ihre „erste Liebe“ ist.

Lee wurde klar, dass Jesus Christus, ihr „himmlischer Ehemann“, sein Leben für sie hingegeben hat, damit sie immer mit ihm zusammenleben kann. Ihr wurde bewusst, dass kein Mann, den sie bisher kannte oder noch kennenlernen wird, so etwas für sie tun würde. Lee begann, in der Bibel zu lesen, um mehr über das Wesen und die Liebe von Jesus zu erfahren. Bald besuchte sie regelmäßig einen Bibelkreis und traf sich mit anderen Frauen, die innerlich einsam waren, aber Jesus liebten. Allmählich galt ihr Hauptaugenmerk nicht mehr der Suche nach einem neuen Herzensbrecher, sondern der Liebe zu Jesus. Heute ist Lee eine attraktive, selbstbewusste Frau, die ihren Herrn liebt. Am Ringfinger ihrer linken Hand trägt sie einen Goldring – ein Geschenk ihrer Kinder – als ständige Erinnerung an ihre Hingabe und „Ehe“ mit dem einen, der sie wie kein anderer liebt. Lee ist ein wunderbares Beispiel einer verletzten Frau, die in einer Liebesbeziehung mit ihrem „himmlischen Ehemann“ glücklich und heil geworden ist.

Obwohl sich Lee in ihrem stillen Haus hin und wieder mal alleine fühlt, nimmt Gott sich ihrer so an, wie kein Mensch es könnte. Er schenkt ihr inneren Frieden, tröstet ihre Seele und füllt ihr Herz mit Freude.

Lee berichtet: „Seit ich mein Herz wieder Jesus hingegeben habe, fühle ich mich bisweilen zwar alleine, aber nie mehr so alleingelassen wie früher, als ich nach einer Liebe ohne Gott gesucht habe. Er hat meine Einstellung zum Leben, zur Liebe und zum Alleinsein spürbar verändert.“

Sein Versprechen

Gottes Wort enthält ein besonderes Versprechen für Frauen wie Lee, die ihn als ihren „himmlischen Ehemann“ annehmen. Er hat versprochen, dass er ihr Herz und ihre Wohnung mit seiner Gegenwart füllt, egal wie einsam sie sich fühlen. In Psalm 68,6 wird Gott als „Vater der Waisen und Helfer der Witwen“ beschrieben. Und Vers 7 fügt hinzu: „Gott gibt dem Einsamen ein Zuhause.“

Haben Sie das bewusst wahrgenommen? Seine tröstliche Gegenwart macht Ihr Haus freundlich und warm, macht es zu einem Zuhause. Seine Gegenwart begrüßt Sie, wenn Sie abends die Wohnungstür aufschließen. Seine Gegenwart schenkt Ihnen Ruhe, sodass Sie nachts schlafen können.[2] Ein solches Zuhause wünscht sich jede Frau, ein Zuhause, in dem sie sich nie mehr einsam fühlt.

Wenn Sie sich in der Wüste der Einsamkeit befinden – egal aus welchem Grund – dann denken Sie daran, dass Sie nicht alleine sind. Gott ist bei Ihnen, und er kann die Leere in Ihrem Herzen füllen.

Möchten Sie, dass seine Gegenwart Ihr Haus freundlich und warm macht? Möchten Sie, dass er Ihr Begleiter wird, nicht nur in Zeiten der Einsamkeit, sondern immer? Möchten Sie als geliebte Ehefrau leben? Gott verspricht, dass er für Sie sorgt. Wollen Sie ihn als Ihren „himmlischen Ehemann“ annehmen?

Zum Weiterdenken:

- *Falls Sie Single sind und so etwas noch nicht gemacht haben: Schreiben Sie alle Eigenschaften auf, die Sie sich von Ihrem Traummann wünschen (nur zu, träumen Sie ein bisschen!).*
- *Erledigt? Dann machen Sie sich jetzt bewusst, inwiefern Jesus Ihre Liste erfüllt. Danken Sie ihm dafür, dass er*

immer für Sie da ist und bitten Sie ihn um Hilfe für Ihre Beziehung zu ihm.

- *Egal ob Sie verheiratet sind oder nicht, überlegen Sie einmal in Ruhe: Welches Versprechen würden Sie Gott geben, wenn es um Ihre Beziehung zu ihm geht? Wie in einem Eheversprechen – in guten wie in schlechten Zeiten? In Gesundheit und Krankheit? Fragen Sie ihn doch mal, was er sich von Ihnen wünscht. Und tun Sie es dann.*
- *Machen Sie sich bewusst, dass Gott unsere Bedürfnisse in einer Weise stillen kann, wie es auch der beste Ehemann nicht könnte: Römer 8,39, Psalm 62,8, Psalm 139,1-3.7-10; Psalm 147,3.*

Kapitel 3

Einsam als Alleinerziehende: Gott als Partner erleben

DESIREE hätte nie gedacht, dass sie einmal ihre Kinder alleine erziehen muss. Aber wer rechnet schon mit so etwas?

Als sie vor zehn Jahren Jim heiratete, sah alles unproblematisch aus. Doch bald nach der Geburt der Kinder stellte sich heraus, dass Jim drogen- und alkoholabhängig war. Desiree lebte von da an wie eine Alleinerziehende, weil ihr Mann eine Drogentherapie nach der anderen machte und schließlich wegen häuslicher Gewalt im Gefängnis landete. Nach vielen Gebeten von Desirees Seite – und zahllosen Drohungen, Entschuldigungen und leeren Versprechungen von Jims Seite – erwirkte Desiree ein Kontaktverbot gegen ihn. Dann begann ihr langer einsamer Weg als Alleinerziehende.

Desiree gesteht, dass sie sich an manchen Tagen sehr einsam fühlt. Dann ist sie es leid, als einzige Erwachsene für die verschiedenen Stundenpläne der Kinder, ihre Freizeitbeschäftigungen, Schularbeiten und für alle anderen elterlichen Pflichten verantwortlich zu sein. Für Desiree war es eine große Hilfe, als ihr bewusst wurde, dass sie als Mutter nie wirklich alleine ist. Sie hat erkannt, dass Gott ihr Partner bei der Erziehung ihrer Kinder sein will, und sie lässt zu, dass Gott der „Papa" ist, den ihre Kinder nie wirklich hatten.

Kindererziehung kann ein langer, einsamer Weg werden, egal, ob Sie tatsächlich alleinerziehend sind oder Sie nur den Eindruck haben, weil Sie wenig Unterstützung oder Anteilnahme von Ihrem Ehepartner erfahren. Manchmal meinen wir, dass wir alleine für die religiöse Erziehung unserer Kinder verantwortlich sind. Manchmal haben wir etwas über unsere Kinder erfahren und niemand ist da, mit dem wir darüber sprechen können. Ich kenne Mütter, die sich alleine gelassen vorkommen, weil ihre erwachsenen Kinder uneinsichtig sind und ihr eigenes Leben und das Leben anderer verpfuschen. Die meisten von uns kennen eine Frau mit einer unverheirateten Tochter, die ein Baby erwartet, oder eine Frau mit einem Kind, das Drogen nimmt, hinter Gittern sitzt, mit dem Gesetz in Konflikt gerät oder nichts von Gott wissen will. Das sind die schwerwiegenderen Fälle. Doch auch in einer Familie, in der die Kinder im Allgemeinen zuverlässig sind und die Beziehung zwischen Eltern und Kindern harmonisch ist, können wir uns als Mutter hin und wieder einsam fühlen.

Julia (deren Geschichte im ersten Kapitel beschrieben ist) erinnert sich, dass sie mehrere Jahre lang alleine die Verantwortung für die Kindererziehung trug, als ihr Mann beruflich dauernd unterwegs war. Manchmal war er fünfundzwanzig Tage im Monat weg, und sie und die Kinder bekamen ihn selten zu Gesicht. „Im Umgang mit den Teenagern fühlte ich mich sehr alleingelassen“, erklärte sie. Ihre beiden Ältesten waren äußerst rebellisch, und oft fühlte sie sich der Verantwortung nicht gewachsen und wusste nicht, was sie tun sollte. Es fiel ihr schwer, die Einhaltung von Regeln durchzusetzen und den Welten von vier völlig verschiedenen Kindern gerecht zu werden. „Ihr Vater hat die Regeln festgelegt und viel herumgeschrien, wenn er zu Hause war. Sobald er wieder weg war, ist die Durchsetzung der Regeln an mir hängengeblieben.“ Julia kam sich oft als alleinerziehende Mutter vor, wenn sie in der Kirche oder bei Schulveranstaltungen alleine dasaß, wenn sie die Einkäufe und die Hausarbeit erledigen musste, sich um das Auto und den Hof kümmerte und Reparaturen im Haus selber vornehmen musste. Sie lernte, der „Mann“ im Haus zu sein, schnelle Entscheidungen zu treffen und die Führung zu übernehmen.

Verborgene Segnungen

Es war nie vorgesehen, dass eine einzige Person für Kindererziehung zuständig ist. Doch heute tragen immer mehr Frauen diese Last. Über neun Prozent der amerikanischen Haushalte werden von Alleinerziehenden geführt. In den USA leben laut dem Statistischen Bundesamt heutzutage zehn Millionen alleinerziehende Mütter mit Kindern unter 18 Jahren, verglichen mit nur drei Millionen im Jahr 1970. Ich bin davon überzeugt, dass Gott sich den Frauen zuwendet, die als Alleinstehende oder aufgrund der Abwesenheit ihres Mannes ihre Kinder alleine erziehen müssen. Meiner Meinung nach lässt er aus der Bitterkeit des Alleinerziehens Segen entstehen. Zum Beispiel können sich trotz des Alleinerziehens einige ganz besondere Dinge ereignen.

Einige Menschen, die ich kenne und die eine sehr enge Beziehung zu ihrer Mutter haben, wurden von ihrer Mutter alleine erzogen. Entweder wurden die Eltern geschieden oder der Vater starb, als sie noch klein waren; entweder kannten sie ihren Vater gar nicht oder er war nicht wirklich anwesend. Aus irgendeinem Grund waren die Kinder nur mit ihrer Mutter zusammen, und daraus entstand eine ganz besondere Verbundenheit.

Meine Freundin Christi verlor ihren Vater, als sie elf Jahre alt war, hat aber zu ihrer Mutter bis heute eine sehr enge Beziehung. In mancher Hinsicht hatten Christi und ihre Mutter nur einander, denn Christis älteren Geschwister waren schon verheiratet und ausgezogen, als ihr Vater starb. Christi hat als Single mehrere Kinder adoptiert und hofft jetzt, dass sie mit ihnen eine genauso enge Beziehung haben wird. Manchmal lastet die Aufgabe des Alleinerziehens schwer auf ihren Schultern, weil sie keine Hilfe hat, wenn ihre Töchter mitten in der Nacht krank werden, oder die Anforderungen ihrer Arbeitsstelle, der Haushalt und die Beaufsichtigung ihrer Töchter nicht leicht unter einen Hut zu bringen sind. Trotzdem gesteht sie, dass sie Chancen hat, die ihre Freundinnen nicht haben, weil sie die einzige Erziehungsberechtigte im Leben ihrer Kinder ist. „Positiv empfinde ich unter anderem, dass ich nicht zwischen Mann und Kindern hin und her gerissen bin." Christi gibt auch zu, dass sie mehr auf Gott angewiesen ist, da sie keinen Mann hat, auf den sie sich verlassen kann. Dadurch wurde nicht nur ihr Glaube gestärkt, sondern auch ihr Selbstvertrauen als Mutter, weil sie gelernt hat, Gott als ihren Partner anzusehen.

Auch Desiree entdeckt einige verborgene Segnungen des Alleinerziehens – insbesondere, dass ihre Beziehung zu Gott stärker wird, da sie auf seine Hilfe angewiesen ist. Und sie genießt die persönlichen Zeiten mit Gott, die unmöglich waren, als der Vater ihrer Kinder noch bei ihnen wohnte (oder tobte).

„Ich glaube, in der stillen Zeit mit Gott, wenn die Kinder schlafen, der Fernseher ausgeschaltet ist und alle anderen Stimmen verstummt sind, bin ich ihm wirklich sehr nahe", betont Desiree. „Ich habe jetzt eine ganz neue Lebenseinstellung, obwohl ich weiß, dass mein Leben nicht mehr perfekt sein wird und dass meine Lebensumstände nicht so sind, wie ich sie erwartet hatte. Aber der Herr ist bei mir, und das ist ausschlaggebend."

Desiree lernte schnell, dass Nachtrauern sich nur in Bitterkeit verwandelt, die ihr die Kraft als Frau und Mutter raubt. „Gott hat mir immer wieder deutlich gemacht, dass ich mich meines Lebens freuen soll, weil ich nur ein einziges Leben habe. Er hat mich immer wieder daran erinnert, die Vergangenheit (die Zeit, in der ich keine Kinder hatte oder als mein Mann noch da war) nicht als ‚gute alte Zeit' zu betrachten, sondern dafür zu sorgen, dass die Gegenwart einmal eine ‚gute alte Zeit' wird."

Desirees Einstellung ist nachahmenswert. „An jedem Tag kann ich entscheiden, wie ich mein Leben führe. Ich kann mir nicht aussuchen, was mir das Leben bringt, aber ich kann entscheiden, ob ich mein Leben als Sieg oder als Niederlage gestalte. Heute habe ich mich für Sieg entschieden."

Sie ist dazu gezwungen, denn ihre Kinder beobachten sie genau.

„In all den Schwierigkeiten habe ich Gottes Treue und Gnade erlebt und den Trost seines Geistes gespürt."

Als Alleinerziehende hat Desiree in ihrer Zeit der Not „Gott gesehen", seine Gegenwart in der Stille erfahren und in schwierigen Zeiten nach seiner Führung gesucht. Er ist ihr Partner. Sie hat gelernt, sich von ihm unterstützen, leiten, trösten und führen zu lassen, wie es für sie und ihre Kinder gut ist.

Wie ich bereits sagte: Gott wendet sich alleinerziehenden Frauen zu. In der Bibel finden wir ein bewegendes Beispiel dafür in dem Bericht von einer Frau – einer alleinstehenden Mutter –, die sich in einer bitteren Notlage befand und neuen Mut erhielt, als Gott ihr seine Gegenwart, seine Macht und seinen Frieden schenkte.

Hagars Geschichte

Gott hatte Abraham und Sara einen Sohn versprochen, der der Stammvater eines ganzen Volkes werden sollte. Doch die Jahre vergingen und Abraham und Sara blieben kinderlos, bis Sara nicht mehr im gebärfähigen Alter war. Schließlich verlor Sara die Zuversicht und gab Abraham ihre ägyptische Magd Hagar – in der Hoffnung, durch sie das versprochene Kind zu bekommen. Als Hagar schwanger wurde, behandelte Sara sie schlecht, und Hagar floh in die Wüste. Dort kam Gott zu ihr und erklärte ihr, dass er ihre Lage kennt und dass er die schlechte Behandlung, die sie bekommen hatte, und ihre Not gesehen hat. Er befahl ihr, nach Hause zurückzukehren, sich ihrer Herrin unterzuordnen und ihr Kind auf die Welt zu bringen, weil Gott Pläne für dieses Kind hatte.[3]

Als Gott Hagar bestätigt hatte, dass er ihre Not sieht und sich um sie kümmert, nannte sie den Ort „El-Roi", was bedeutet „der Gott, der mich sieht". Sie lernte Gott als den kennen, der ihre Angst, ihre Misshandlung und ihr Leid sieht. Sie erlebte ihn als den, der alles über sie und ihr ungeborenes Kind weiß und ihr versicherte, dass alles gut wird. Nach ihrer Begegnung mit „dem Gott, der mich sieht" erhielt Hagar die Kraft, aufzustehen, nach Hause zurückzukehren und ihr Kind auf die Welt zu bringen. Offensichtlich gab ihr alleine das Wissen, dass Gott ihre Situation sieht und versteht, den Mut, sich dem Leben als alleinstehende Mutter zu stellen.

Doch zwölf Jahre später, als Sara ein Kind bekommen hatte, wurden Hagar und Ismael zu Menschen zweiter Klasse degradiert und aus dem Haus gejagt.

Als Sara eines Tages Ismael dabei ertappte, wie er ihren geliebten Isaak drangsalierte, forderte sie Abraham auf: „Jag diese Sklavin und ihren Sohn fort! Ich will nicht, dass mein Sohn Isaak sich mit ihm unser Erbe teilen muss“ (1. Mose 21,10).

Nach diesen verletzenden Worten machte sich Hagar wieder auf den Weg – dieses Mal mit ihrem Kind. Mit einem Wasserschlauch und etwas Reiseverpflegung, die Abraham ihnen am frühen Morgen gegeben hatte, zogen sie ziellos in die Wüste. Sie wussten nicht, wohin sie gehen sollten, und hatten bald nichts mehr zu essen und zu trinken, keinen Schutz vor der Wüstensonne und den kalten Wüstennächten. Als sie kein Wasser mehr hatten, legte Hagar Ismael in den Schatten eines Busches und ging selbst etwas weiter weg. „Ich kann nicht mitansehen, wie mein Sohn stirbt!“, seufzte sie und brach in Tränen aus (1. Mose 21,16). Doch „der Gott, der mich sieht“ hat sie und ihr Kind nie aus den Augen verloren.

Ein Engel Gottes rief Hagar zu: „Hagar, was ist mit dir? Hab keine Angst! Gott hat das Weinen deines Sohnes gehört, der dort liegt. Steh auf, nimm den Jungen und halte ihn fest an der Hand, denn ich werde seine Nachkommen zu einem großen Volk machen.“ Da öffnete Gott Hagar die Augen, sodass sie einen Brunnen entdeckte. Dort füllte sie ihren Wasserschlauch und gab dem Jungen zu trinken (1. Mose 21,17-19).

Hagar und Ismael hatten es schließlich geschafft: „Gott war mit dem Jungen. Er wuchs in der Wüste heran und wurde ein ausgezeichneter Bogenschütze“ (1. Mose 21,20). Seine Mutter hat später eine Frau für ihn aus ihrer Heimat Ägypten gefunden (Vers 21).

Gott sorgt für Alleinerziehende

Ich glaube, dass Gott diese Geschichte in die Bibel aufgenommen hat, weil sie eine Ermutigung für alle einsamen Mütter ist. In diesem zärtlichen Gespräch zwischen Gott und Hagar in der Wüste sehe ich einen Gott, der eine Mutter mit Namen kennt und sich für alles, was sie durchmacht, interessiert. Ich sehe einen Gott, der hört, wie eine Mutter weint – und der auch das Kind weinen hört – und voller Mitgefühl auf beide eingeht. Ich sehe einen Gott, der für alles Notwendige sorgt, wenn eine alleinstehende Mutter glaubt, dass es für sie weder Hoffnung noch Hilfe gibt. Und ich sehe einen Gott, der sich zärtlich um ein vaterloses Kind kümmert, damit es eine Zukunft und eine Hoffnung hat. Gehen wir diese Geschichte noch einmal durch und betrachten die Zusagen, an die auch Sie sich halten können.

Gott kennt Sie mit Namen

Schon einmal befand sich Hagar in einer aussichtslosen Lage in der Wüste, als Gott sie mit ihrem Namen angesprochen hatte. Das zweite Mal sprach Gott sie wieder namentlich an: „Hagar, was ist mit dir?“ Das finde ich wunderbar. Gott weiß genau, was los ist, und er fragt trotzdem nach, wie ein liebender Vater seine schüchterne, ängstliche Tochter fragt und darauf wartet, dass sie ihm ihr Herz ausschüttet und sich an seiner Schulter ausweint. Gott bittet seine untröstliche Tochter, ihm alles zu sagen.

Gott sieht Ihre Ängste

Nachdem Gott sie gefragt hat, was mit ihr ist, sagt er ihr, dass sie keine Angst haben soll. Hagar dürfte eigentlich keine Angst haben, denn diesen Satz hat sie von Gott schon einmal gehört. Nach der ersten

Begegnung erhielt sie die Kraft und die Zuversicht, die sie brauchte, um nach Hause zurückzukehren und sich einer möglicherweise schmerzhaften Situation stellen zu können. Doch jetzt glaubt Hagar anscheinend, dass alles vorbei ist. Vielleicht denkt sie, dass es keine zweite Chance und keine Hoffnung mehr gibt. Wie es scheint, hat sie vergessen, dass der liebende „Gott, der mich sieht“ sie immer noch sieht und sich für sie interessiert. Vielleicht ist in all den Jahren nach ihrer ersten Begegnung mit Gott zu Hause alles reibungslos verlaufen und sie hat Gott allmählich vergessen und ihn nicht mehr um Hilfe angefleht. Doch Gott ergreift die Initiative und kommt zu ihr in die Wüste und bietet ihr seine Hilfe an. Er weiß, dass sie meint, dass alles vorbei ist; dass sie Angst hat zu verhungern; dass sie es bereut, ein Kind in die Welt gesetzt zu haben, für das sie nicht sorgen kann. Er weiß das alles. Und er flüstert ihr sanft zu: „Hab keine Angst! Gott hat ... gehört“ (1. Mose 21,17).

Gott gibt liebevolle Ratschläge

Gott rief Hagar zu: „Steh auf, nimm den Jungen und halte ihn fest an der Hand“ (1. Mose 21,18). Gott weiß, dass der kleine Ismael jetzt nur noch Hagar hat. Und er ermutigt sie, sich dieser Aufgabe zu stellen. Es ist, als würde Gott sagen: „Dein Kind braucht dich. Deshalb musst du stark sein. Du kannst das.“

Beachten Sie, dass Hagar keine Einwände vorbringt. Sie sagt nicht:

„Aber es wäre besser, wenn er einen Vater hätte, der ihn fest an der Hand halten könnte.“

„Was kann ich schon tun? Ich habe nicht einmal eine Arbeitsstelle.“

„Wie soll ich ihm beibringen, ein Mann zu werden?“

„Wie kann ich ihn in dieser feindseligen Welt ... hier draußen, in dieser Wüste, versorgen und schützen?“

Nein, Hagar schleudert Gott keine Einwände entgegen. Vermutlich hat ihr der letzte Teil von Gottes Satz in Vers 18 die Zuversicht gegeben, die sie brauchte: „… denn ich werde seine Nachkommen zu einem großen Volk machen."

Hagar hatte wahrscheinlich täglich gehört, dass Isaak etwas Ähnliches versprochen wurde. Doch Saras harte Worte, bevor sie aus dem Haus gejagt wurden („Jag diese Sklavin und ihren Sohn fort! Ich will nicht, dass mein Sohn Isaak sich mit ihm unser Erbe teilen muss!" – 1. Mose 21,10), klangen vermutlich immer noch in ihren Ohren. Stellen Sie sich vor, Ihnen wird gesagt, dass Ihr Kind oder Ihre Kinder ihr ganzes Leben lang nie etwas bekommen werden, dass sich niemand jemals um sie kümmern wird! Kein Wunder, dass Hagar mit ihrem Sohn sterben wollte! Sie wollte lieber sterben, als mit anzusehen, wie ihr Kind leidet oder leer ausgeht.

Doch Gott versprach Hagar, dass er Ismael ebenfalls zu einem großen Volk machen wird. Gott hatte auch für Hagars Kind einen Plan.

Gott zeigt Ihnen seine Fürsorge

Schließlich öffnete Gott Hagar die Augen, sodass sie Wasser entdeckte (1. Mose 21,19). In diesem Vers wird nicht gesagt, dass Gott plötzlich einen Brunnen entstehen ließ, und auch nicht, dass er auf wunderbare Weise eine Quelle aus dem harten, ausgedörrten Wüstenboden treten ließ (obwohl er so etwas durchaus hätte tun können). Wir lesen: „Da öffnete Gott Hagar die Augen", und dann sah sie etwas, das vermutlich die ganze Zeit schon da war, das sie nur nicht bemerkt hatte.

Vielleicht befinden Sie sich gerade jetzt in einer Situation, die aussichtslos scheint. Vielleicht meinen Sie, dass Sie nicht die Kraft haben, weiterhin Ihre Kinder alleine zu erziehen. Womöglich befinden Sie sich wie Hagar in einer Wüste, ohne Versorgung, ohne Hoffnung und ohne Garantie, dass Ihre Bedürfnisse und die Ihrer Kinder befriedigt werden. In solchen Situationen kann „der Gott, der mich sieht" uns auf etwas hinweisen, was wir vorher nicht bemerkt haben. Vielleicht öffnet er Ihre Augen, sodass Sie den Brunnen in der Nähe sehen – den Brunnen, der Ihre Bedürfnisse befriedigt. Überall in der Bibel finden wir die Zusage, dass Gott für uns sorgt. Hier sind einige der Brunnen, die in der Nähe liegen und für die Gott Ihnen möglicherweise die Augen öffnen will:

1. *Er sorgt für Ihre Nahrung*. Der Psalmist sagt: „… doch nie habe ich erlebt, dass die, die auf Gott vertrauen, vergessen wurden, oder dass ihre Kinder um Brot betteln mussten" (Psalm 37,25). Glauben Sie das? Unser Jugendpastor erinnerte mich an diesen Vers, als Hugh und ich heiraten wollten und wir nur sehr wenig Einkommen hatten, mit dem wir im teuren Südkalifornien auskommen mussten. Pastor Tom wiederholte immer wieder den altbekannten Satz: „Wer auf Gott vertraut, muss nie um Brot betteln." Und bis heute habe ich erfahren, dass das stimmt. Warum? Weil Menschen, die auf Gott vertrauen, im Glauben leben und Gott Glauben belohnt[4]; weil sie Gott vertrauen und Gott immer für unsere Bedürfnisse sorgt[5]; weil sie in die christliche Gemeinde eingebunden sind und Gott oft der Gemeinde den Auftrag gibt, Bedürftige zu versorgen; weil die, die auf Gott vertrauen, gesegnet sind und Gott einen ganzen „Vorrat" an Segnungen für seine Kinder bereithält.

2. *Er sorgt für Ihre Bedürfnisse*. Der Apostel Paulus schreibt in Philipper 4,19: „Und mein Gott wird euch aus seinem großen Reichtum, den wir in Christus Jesus haben, alles geben, was ihr braucht." Wie reich ist Gott? Zunächst einmal gehören ihm die Rinder auf unzähligen Bergen. Er hat Anspruch auf alles im Himmel und auf der Erde. Er hat alle Macht im Himmel. Gehen Sie eine enge Beziehung mit ihm ein. Wenn er sagt, dass Sie etwas bekommen, dann bekommen Sie es auch.

Jesus forderte seine Jünger auf, sich nicht um Essen und Trinken oder ihre Kleidung zu sorgen, sondern das Reich Gottes zu ihrem wichtigsten Anliegen zu machen; dann würden sie jeden Tag bekommen, was sie brauchen (Matthäus 6, 31-33). Nachdem wir über zwanzig Jahre lang vom Gehalt eines Pastors gelebt haben, kann ich bestätigen, dass diese Zusagen richtig sind und dass Gott auch heute noch aus Nichts etwas macht; dass er dafür sorgt, dass plötzlich eine Tüte voller Lebensmittel vor der Tür steht; dass die Steuern bezahlt und Schulden getilgt werden können, wie wir es nie erwartet hätten. Wir haben es hier mit Gott zu tun. Sollte ihm etwas unmöglich sein (siehe 1. Mose 18,14)?

3. *Er schenkt Trost.* In 2. Korinther 1,3-4 wird Gott als „der Ursprung aller Barmherzigkeit und der Gott, der uns in allen Schwierigkeiten tröstet" beschrieben. Haben Sie schon aus seinem Brunnen des Trostes geschöpft? Empfinden Sie den inneren Frieden, der aus dem Wissen entsteht, dass er Ihre Kinder bewahren und beschützen wird? Wir lesen in der Bibel, dass wir einen Gott haben, der versteht, was wir durchmachen, da er selbst viele Widerstände, Versuchungen und oft auch schwere Zeiten erlebt hat.[6] Und da Maria, die Mutter von Jesus, ab seinem Teenageralter[7] mutmaßlich alleinerziehend war, glaube ich, dass er alleinstehenden Müttern besonders zugetan ist.

Welchen Brunnen will Gott Ihnen zeigen? Werden Sie es zulassen, dass er Ihnen die Augen öffnet? Werden Sie dann aus diesem Brunnen schöpfen und vertrauen, dass er niemals versiegt?

In Psalm 65,10 lesen wir, dass Gottes Fluss Wasser im Überfluss führt. Ich glaube, dass das auch für Gottes Brunnen gilt. Es wird immer genug Nahrung, genug Geld, genug Trost vorhanden sein – ja genug von allem, was Sie brauchen.

Desiree hat entdeckt, dass Gottes Brunnen ausreichend ist, wenn sie müde und abgekämpft ist. „Es gibt Tage, an denen ich mich wirklich einsam fühle. Man verliert leicht den Mut, wenn man der einzige

Erwachsene für die Kinder ist und für ihre Hausaufgaben, Arzttermine und alle anderen elterlichen Pflichten alleine zuständig ist. Doch mein innerer Friede, die Freude über meine Erlösung und die Hoffnung auf eine bessere Zukunft und alle Zusagen in Gottes Wort geben mir, was ich brauche. Seine Gnade und Barmherzigkeit sind jeden Morgen neu. Das ist es, was ich brauche."

Gott sorgt für unsere Kinder

Die Geschichte von Hagar und Ismael endet mit der Aussage, dass Gott mit dem Jungen war, als er heranwuchs (1. Mose 21,20). Ich glaube, dass das ein wirklicher Trost für Mütter sein kann, die meinen, dass sie alleine für die religiöse Erziehung ihrer Kinder verantwortlich sind; für Mütter, die arbeiten müssen und nicht so oft für ihre Kinder da sein können, wie sie möchten; für Mütter, die ihre Kinder Gott anvertrauen müssen, da der Vater als Vorbild und Bezugsperson ausfällt.

Für Desiree ist das beruhigend. Vor Kurzem erzählte sie mir: „Ich habe immer gedacht, dass das geistliche Wohl meiner Familie nur von mir und meinem eigenen geistlichen Leben abhängt. Ich habe gedacht, dass alles schiefgeht, wenn ich nicht genug für meine Kinder bete. Inzwischen habe ich gelernt, dass jeder Mensch, sei er Mann, Frau oder Kind, für seine Beziehung zu Gott selbst verantwortlich ist. Was meine Kinder betrifft, so kann ich mein Möglichstes tun und den Rest Gott hinlegen. Jedenfalls kann ich nicht alles wettmachen, was sie von ihrem Vater nicht bekommen haben."

Desiree kann es nicht, aber Gott kann es. Er kann den Mangel mehr als ausgleichen. Wir haben bereits gelesen, dass Gott sich als „Vater der Waisen und Helfer der Witwen" bezeichnet (Psalm 68,6). Ist das nicht die bestmögliche Fürsorge, die es geben kann?

Desiree vertraut dieser Zusage. Da kein Vater mehr in der Familie ist, vertraut sie darauf, dass ihre Kinder stattdessen unter dem Einfluss ihres himmlischen Vaters stehen. Wenn Sie Ihr Kind erziehen, können Sie darauf vertrauen, dass es – wenn es sich zu Gott hinwendet und sein Wesen von ihm erneuern lässt – wahrscheinlicher ist, dass es ihm ähnlicher wird als seinen Eltern. Mit den Worten des Theologen Lewis Sperry Chafer ausgedrückt: „Das neue göttliche Wesen ist tiefer in ihnen verwurzelt als das menschliche Wesen ihrer irdischen Eltern.“[8] Tun Sie, was Sie können, damit Ihre Kinder Jesus vertrauen, und überlassen Sie den Rest ihrem himmlischen Vater.

Vertrauen

Auch wenn wir zu Gottes Brunnen kommen und ihn zum Partner in der Kindererziehung machen, gibt es Tage, an denen wir mit schwierigen Umständen zu kämpfen haben. Doch vergessen Sie nicht, dass es darum geht, die Augen auf Gott zu richten, der jede Situation unseres Lebens in die Hand nehmen und in etwas Positives verwandeln kann.

Folgendes schrieb eine frustrierte Ehefrau und Mutter von drei Kindern vor Kurzem in einer E-Mail an eine Freundin, in der sie ihr die Achterbahn der Gefühle als „Vollzeit-Mama“ erklärte: *Oh Gott, bitte benutze diese Zeit, um mich dir ähnlich zu machen, denn ich finde sie gar nicht gut. Muss ich sie gut finden, damit ich die richtige Einstellung habe? Mittlerweile ist es deutlich leichter, aber ich bin es leid, so viel mit den Kindern zu Hause zu sein. Auch das ganze Putzen, Kochen und den Rest habe ich satt. Allerdings merke ich, dass ich Hunger und Durst nach Gott und seinem Wirken in meinem Leben verspüre. Das ist gut, nicht wahr? Ich habe die Nase voll von mir und verehre Gott umso mehr.*

Diese Ehefrau und Mutter ist dabei, aus Gottes Brunnen zu schöpfen. Sie sehnt sich nach ihm, findet ihn und entdeckt, dass er ihr genügt.

Wie steht es mit Ihnen? Sind Sie es auch leid, eine „Vollzeit-Mama“ zu sein? Sind Sie wie Hagar in der Wüste und fühlen sich als Alleinerziehende alleingelassen, haben wenig oder keine Hoffnung? Reden Sie sich manchmal ein, dass es besser wäre, aufzugeben, weil Sie Ihrer Meinung nach nicht die Hilfe bekommen, die Sie brauchen?

Denken Sie an Hagar – eine Frau, die geliebt wurde, deren Kind versorgt wurde und die ein liebender Gott nicht übergangen hat.

Vergessen Sie nicht „den Gott, der mich sieht.“

Auch Sie haben einen „Gott, der mich sieht.“

Zum Weiterdenken:

- *Gibt es etwas, dass Sie als alleinerziehende Mutter ausbrennen lässt? Würde Ihnen eine neue Perspektive oder andere Einstellung helfen, um weiter durchzuhalten? Betrauern Sie vielleicht den Status quo – oder ist ihr Herz bitter geworden? Was es auch ist: Jesus will Ihnen helfen, der Ursache auf den Grund zu gehen und sie aus Ihrem Leben zu räumen. Bitten Sie ihn darum.*
- *Erinnern Sie sich täglich daran, dass Gott Ihre Kraftquelle ist, bei der Sie Ihren Durst und alle Ihre Bedürfnisse stillen können. Vielleicht kleben Sie sich eine Notiz dazu an den Spiegel, kaufen sich eine schöne Frühstückstasse oder suchen ein Bild von einem Wasserfall heraus, das Sie an Ihre Wohnungstür hängen?*
- *Schreiben Sie sich alles von der Seele, was Ihnen Sorgen bereitet, wenn Sie an Ihr Kind oder Ihre Kinder denken. Lesen Sie sich dann folgende Verse durch: Matthäus 6,31.33; Lukas 12,22-31; Philipper 4.6-7.13; Philipper 4,19; Psalm 37,25; Sprüche 22,6; Jeremia 29,11 und Römer 8,28. Notieren Sie, wie Gottes Fürsorge aussieht*

und unterstreichen Sie das, was Sie am meisten anspricht. Danken Sie Gott dafür, dass er Ihr Kind noch mehr liebt als Sie es tun. Er kümmert sich um Ihr Kind – und um Sie!

Teil 2

Eine Zeit neuer Stärke

„Der Herr, der Allmächtige, ist meine Kraft! Mit ihm kann ich so sicher wie eine Gazelle über die Felsen springen und wohlbehalten die Berge überqueren."

HABAKUK 3,9

Kapitel 4

Einsam im Schmerz: die Last loslassen

EIGENTLICH wollte Jocelyn ihren Schmerz nie so tief in ihrem Inneren vergraben. Aber sie glaubte, keine andere Wahl zu haben. Oft schon hatte sie zu Gott geschrien und ihm die Dinge genannt, die ihre Vergangenheit verpfuscht hatten. Sie wusste inzwischen, dass Gott ihr vergeben hatte. Es fiel ihr aber sehr schwer, sich selbst zu vergeben. Jocelyn dachte, dass sie ihren Schmerz – oder die Dinge aus ihrer Vergangenheit, die sie bereute – niemandem mitteilen kann.

Was denken die Leute, wenn sie erfahren, dass ich zu den Frauen gehöre, die abgetrieben haben?, dachte sie. Sie werden mich schief ansehen. Sie werden entrüstet sein und mich ablehnen. Und ich werde die ganze Schuld und Schande wieder von Neuem empfinden.

Jocelyn wusste, dass Gott „allen nahe [ist], die verzweifelt sind" und dass er die rettet, „die den Mut verloren haben" (Psalm 34,18). Sie fühlte sich wirklich mutlos und ohne Hoffnung und litt unter dem Schmerz der Reue und den Wunden der Scham. Warum konnte sie sich nur selber nicht vergeben, obwohl Gott ihr vergeben hatte? Es musste einen Weg aus dem dunklen Keller ihrer einsamen Schmerzen geben.

Mehrere Jahre lang hütete Jocelyn ihr Geheimnis und meinte, dass sie es nicht wert ist, das eine Kind zu haben, das Gott ihr geschenkt und das sie behalten hatte. Sie lebte in ständiger Angst, Gott könnte ihr ihren Sohn nehmen – oder noch schlimmer: dass er wegen ihrer Schuld in der Vergangenheit nie zu einer persönlichen Beziehung mit Gott finden würde. Doch im Lauf der Jahre zeigte Gott Jocelyn, dass seine Vergebung schon ab dem Augenblick vollständig war, in dem sie um Vergebung gebeten hatte. Der nächste Schritt, den sie tun musste, war nun, sich selbst zu vergeben.

Die erste Bestätigung erhielt Jocelyn, als ihr inzwischen zwölfjähriger Sohn sie fragte, ob es stimmte, was sein Vater ihm über ihre Schwangerschaftsabbrüche berichtet hatte. Zu jener Zeit trat Jocelyn leidenschaftlich für den Schutz des ungeborenen Lebens ein. *Für was für eine Heuchlerin muss er mich halten, wenn er herausfindet, dass ich genau das getan habe, gegen das ich jetzt öffentlich spreche*, dachte sie, als sie sich anschickte, ihrem Sohn die Wahrheit zu gestehen. Doch als sie alles eingestand und sich vor ihrem Sohn für das, was sie vor Jahren getan hatte, entschuldigte, unterbrach er sie und meinte: „Es ist gut, Mama. Gott hat dir vergeben und ich vergebe dir auch." Jocelyn glaubte, dass Gott ihr an jenem Tag durch die Worte ihres Sohnes seine Gnade und Vergebung erneut bestätigt hatte. Das half ihr, dazu bereit zu werden, sich selbst zu vergeben.

Gott und ihrem Sohn die Wahrheit zu sagen, war nicht leicht. Aber anderen Menschen – insbesondere den Frauen ihrer Kirchengemeinde – ihre Geschichte zu erzählen, war etwas ganz anderes! Als Selbstschutz beschloss sie, diesen Teil ihres Lebens weiterhin geheim zu halten. Doch wie David in Psalm 32 stellte sie fest, dass „ihre Gebeine verschmachteten" (Luther 84), solange sie schwieg, und dass sie innerlich stöhnte und jammerte. Sie spürte, wie Gottes Hand schwer auf ihr lag (Psalm 32,3-4; Luther 84).

„Ich habe nicht nur ein schmutziges kleines Geheimnis verschwiegen, sondern ich habe nicht zugelassen, dass Gott seine Zusage erfüllt, alles zu seiner Ehre gebrauchen zu können", erklärte sie. Jocelyn verstand nach und nach, dass Gottes Gnade in ihrem Leben anderen Menschen nichts nützen kann, solange sie ihre Geschichte geheim hält. Sie erkannte, dass sie anderen helfen kann, wenn sie über die Gnade spricht, die ihr Leben verändert hat. Sie vertraute sich den Leiterinnen der Frauenarbeit aus ihrer Kirchengemeinde an und wollte nach einer Möglichkeit suchen, ihren Schmerz zu einer Quelle der Ermutigung für andere Frauen zu machen.

Kurz danach bekam sie diese Gelegenheit: Sie wurde gebeten, ihre Glaubensgeschichte vor fast 200 Frauen bei der jährlichen Frühjahrstagung ihrer Gemeinde zu erzählen. Zunächst nahm sie sich vor, nur einen Teil der Geschichte zu schildern, nämlich wie Gottes Gnade sie gefunden hatte; die beschämenden Einzelheiten wollte sie zu ihrem Selbstschutz auslassen. Doch der Geist Gottes machte ihr klar, dass sie die ganze Geschichte erzählen zu sollte, wenn sie von der Gnade Gottes in ihrem Leben berichten wollte. Wenn sie es nicht tun würde, wäre es so, als bringe sie Gott um die Ehre, die er dafür verdient hatte. Wie David in den ersten vier Versen von Psalm 40 hatte auch sie geduldig auf die Hilfe des Herrn gehofft, der sich ihr zuwandte und ihr Schreien hörte. Er rettete sie „aus dem Sumpf der Verzweiflung, aus Matsch und Schlamm", stellte sie auf festen Boden und gab ihren Füßen „festen Halt". Er legte ihr „ein neues Lied" in ihren Mund, damit Folgendes geschieht: „Viele werden sehen, was er getan hat, und darüber staunen. Sie werden dem Herrn vertrauen" (Psalm 40,2-4). *Ich muss ihn einfach vor all diesen Frauen ehren, egal was sie dann von mir halten*, nahm sie sich vor.

Die ganze Woche vor der Veranstaltung wurde Jocelyn von der Angst gepeinigt, abgelehnt und verachtet zu werden. Aber sie war fest entschlossen, den anderen Frauen zu berichten, wie weit Gottes Liebe und Vergebung geht: nämlich so weit, dass sogar sie erreicht wurde.

Mit dem Ziel, Gott die Ehre zu geben, stand Jocelyn schließlich vor all den Frauen und erzählte ihre Geschichte. Sie berichtete von ihrer Vergangenheit, wie Jesus sie gefunden und was er in ihrem Leben bewirkt hatte, und sie sprach von seiner Vergebung und ihrer Liebe zu ihm. „Ich bin die Frau aus Lukas 7, die die Füße von Jesus mit ihren Tränen gewaschen und ihm unaufhörlich die Füße geküsst hat. Ich bin die Frau, von der Jesus gesagt hat: ‚... ihre Sünden – und es sind viele – sind ihr vergeben; deshalb hat sie mir viel Liebe erwiesen'".[9] Jocelyn schloss mit einem Loblied über den Tag, an dem sie im Himmel eine Krone (und nicht nur ihre Tränen) Jesus zu Füßen legen wird. Als Jocelyn an jenem Abend sprach und sang, war es mucksmäuschenstill im Saal, und nachdem sie fertig war, hatten fast alle Zuhörerinnen Tränen in den Augen. Jocelyns ehrlicher Bericht hat an jenem Abend Frauen angesprochen, denen es guttat zu hören, dass Gott auch ihren Schmerz und ihre Scham wegnehmen kann.

Als Jocelyn zu ihrem Platz zurückkehrte, war sie zu einer neuen, selbstbewussten Frau geworden, die wieder erhobenen Hauptes gehen konnte und wusste, dass kein Schmerz so tief ist, dass er nicht zur Ehre Gottes ausgesprochen werden kann – und dass es keine Sünde gibt, die so groß ist, dass Gott sie nicht vergeben kann.

Jocelyn verließ den Saal aufrechter, als ich sie je zuvor gesehen hatte. Weil sie sich selbst zurückgenommen hatte, hat Gott sie erhöht. Sie war von der Bürde befreit worden, die jahrelang auf ihren Schultern gelastet und sie in Schmerz und Scham gefangen gehalten hatte. Sie strahlte vor Freude, weil Gott an jenem Abend durch ihre Worte gewirkt, Frauen angesprochen und ihr Leben verändert hatte. Dadurch, dass sie andere Frauen an ihrem Schmerz teilhaben ließ, half sie ihnen, heil zu werden.

Verletzungen in Hoffnung verwandeln

Auch Me Ra Koh war eine Frau, die ihren Schmerz in ihrem Inneren vergrub. Acht Jahre lang sprach sie kaum über den Abend, an dem sie von jemandem, dem sie vertraute, auf dem Gelände ihrer christlichen Hochschule vergewaltigt wurde. Jahrelang kämpfte sie mit seelischem Schmerz, Depressionen, Bitterkeit und Wut auf den Mann, der sie betrogen und gewaltsam ihre Unschuld genommen hatte. In ihrem dunklen Kampf, in der Seelsorge, in Gebeten und in all ihrem Schmerz forderte Jesus sie sanft auf, ihm ihre Verletzungen hinzulegen und ihr Leben neu zu beginnen. Me Ra folgte schließlich dieser Aufforderung und schrieb tapfer ihre Geschichte. Ihr Buch „Beauty Restored“[10] bietet Hoffnung und Heilung für die Opfer von Vergewaltigungen und für Frauen, die seelische Verletzungen und Leid erfahren haben. Heute ist Me Ra Ehefrau und Mutter, spricht in Kirchen, bei Tagungen und in Hochschulen und macht Menschen Hoffnung, die immer noch alleine in ihrem Schmerz ausharren. Hätte Me Ra geschwiegen und an ihrem Schmerz festgehalten, würden andere heute durch sie nicht erfahren, wie Gott sie heilen kann.

Lisa, die von ihrem Mann körperlich misshandelt wurde, verheimlichte ihren Schmerz dreizehn Jahre lang vor ihrer Familie, ihren Freundinnen und ihrer Kirchengemeinde. Trotz des Gespötts und der Drohungen ihres ehemaligen Mannes und seiner Freunde sowie deren Versuche, an ihrer Glaubwürdigkeit zu kratzen, gelang es Lisa schließlich mit der Hilfe, Liebe, Unterstützung und den Gebeten ihrer Kirchengemeinde, ihren Schmerz offen auszusprechen. Heute ist sie in zweiter Ehe mit einem Mann verheiratet, der sie bedingungslos liebt. Sie arbeitet in ihrer Kirchengemeinde mit, tritt als Rednerin und Sängerin bei Veranstaltungen für Frauen auf und erzählt von ihrer Erfahrung mit Gnade und Befreiung denen, die die Last vergangener Verletzungen noch tief in ihrem Inneren tragen.

Letzten Endes nicht alleine

Je mehr ich reise und im ganzen Land mit Frauen spreche, umso mehr wird mir bewusst, dass die Erlebnisse von Jocelyn, Me Ra und Lisa keine Ausnahmen sind. Überall gibt es Frauen, die unvorstellbaren Schmerz in ihrem Inneren vergraben halten – um ihren Ruf zu schützen oder weil sie denken, dass sie falsch verstanden werden könnten, oder weil sie sich vor Vergeltungsmaßnahmen fürchten. Manchmal schweigen Frauen über ihren Schmerz, um einen anderen Menschen zu schützen, wie ihren Mann oder ihr Kind. Manche wissen auch einfach nicht, wem sie sich anvertrauen können.

Leider gibt es Frauen in unseren Kirchengemeinden, die niemandem erzählen, dass sie in ihrer Ehe misshandelt werden, weil sie sich vor der Rache ihrer Ehemänner fürchten. Im ganzen Land leben Pastorenfrauen, die unermesslich leiden, weil ihre Männer angegriffen werden oder weil der Pfarrberuf eine starke Belastung für ihre Ehe ist. Auch in unseren Hauskreisen gibt es Frauen, die glauben, dass sie nicht über die homosexuelle Neigung oder die Porno-, Alkohol- oder Drogensucht ihres Freundes oder Ehemannes oder ihrer Kinder sprechen können. Diese Frauen, die einsam in ihrem Schmerz sind, gehören zu unseren Gemeinden. Sie stehen an der Supermarkt-Kasse neben uns. Sie sitzen uns bei schulischen Sportveranstaltungen gegenüber und schauen den Spielen ihrer Kinder zu. Vielleicht kennen Sie eine von ihnen, oder vielleicht sind Sie eine von ihnen. Wenn Sie tief im Inneren einen Schmerz tragen und davon überzeugt sind, dass Sie darüber nicht sprechen können, dann sind Sie nicht alleine. Das Geheimnis der Stärke liegt darin, dass der eigene Schmerz für einen anderen Menschen zu einer Verheißung der Hoffnung werden kann. Ihr verborgener Schmerz kann Ihre Glaubensgeschichte werden, Ihr Weg zur Kraft, der Ihnen hilft, anderen Hoffnung und Heilung zu bringen.

Weil Jocelyn, Me Ra und Lisa diese Erfahrungen in ihrem Leben machen mussten, schlägt ihr Herz für Frauen, die auch in ihrem Schmerz gefangen sind. Und Gottes Herz schlägt ebenfalls für solche Frauen.

Übergeben Sie alles Gott

In Psalm 62,8 lesen wir: „Vertraue allezeit auf ihn, … schütte dein Herz vor ihm aus, denn Gott ist unsere Zuflucht.“ Warum sagt Gott, dass er eine Zuflucht ist, wenn er uns auffordert, unser Herz vor ihm auszuschütten? Weil er weiß, dass wir ein großes Risiko eingehen, wenn wir unser Herz öffnen. Wir werden äußerst verletzlich, wenn wir unserem Schmerz und unseren Nöten freien Lauf lassen. Wir fürchten dann oft, dass uns diese Verletzlichkeit angreifbar macht und uns noch mehr Schmerz zugefügt wird. Gott möchte uns sagen, dass wir kein Risiko eingehen, wenn wir ihm alles sagen, was uns auf dem Herzen liegt. Ihm zu vertrauen, ist so, als betrete man einen geschützten Raum, in dem man von allen Seiten beschirmt wird. Wenn wir diesen Zufluchtsort betreten haben und uns in ihm sicher fühlen und so viel Selbstvertrauen gewonnen haben, dass wir anderen von unserem Schmerz erzählen können, dann kann Gott uns zu seiner Ehre gebrauchen.

Eine heilende Hand

Als Jesus eines Tages im Tempel war, sah er eine Frau, die vor Schmerzen verkrümmt war. In Lukas 13,10-13 erfahren wir, dass diese Frau seit achtzehn Jahren wegen einer Krankheit, die von einem bösen Geist hervorgerufen wurde, verkrüppelt war. Wir wissen nicht, um welche Krankheit es sich handelte, aber Jesus führte sie auf Satan zurück, denn in Vers 16 steht, dass Satan die Frau seit achtzehn Jahren gefangen hielt. Vielleicht handelte es sich um eine körperliche Krankheit, wie Arthritis oder Osteoporose. Es könnte auch ein psychisches Leiden gewesen sein. Vielleicht war sie Opfer seelischer Verletzungen geworden oder hatte einen verheerenden Verlust erlitten, der sie in das tiefe Loch einer Depression stürzte, aus dem sie sich nicht einmal körperlich mehr aufrichten konnte. Möglicherweise hat sie der Bitterkeit so viel Raum gegeben, dass sie schließlich ganz verkrümmt und entkräftet war. Oder vielleicht war es die Angst, dass der Schmerz aus der Vergangenheit nie aufhört oder dass ihr in Zukunft neuer Schmerz zugefügt wird. Manche Theologen glauben, dass ihr Körper durch die dämonische Besessenheit entstellt war. Was immer es auch war, es wurde von Satan benutzt, um sie gefangen zu halten. Es entkräftete sie so sehr, dass sie nicht einmal gerade stehen oder sich aufrichten konnte. Jesus bemerkte es und empfand Mitleid mit der Frau.

Achten Sie auf das, was als Nächstes geschah! Jesus berührte sie und sprach die kostbaren Worte aus: „Du bist frei". Das gab ihr die Kraft, sich aufzurichten und den Kopf zu heben.

Können Sie sich vorstellen, wie es ist, wenn man jahrelang vor Schmerz verkrümmt ist und dann diese Worte hört: „Du bist frei"? Es muss wie Musik in ihren Ohren geklungen haben. Musik, die es ihr ermöglichte, den Kopf zu heben und vor Freude zu tanzen!

Vielleicht können Sie nachvollziehen, wie es ist, vor Schmerz verkrümmt zu sein und nicht einmal den Kopf heben zu können, weil die Last, die man trägt, so schwer ist. Vielleicht ist es ein Geheimnis aus Ihrer Vergangenheit, das Sie lange Zeit vergraben haben, oder etwas, das Sie geheim halten wollen, um jemanden zu schützen. Vermutlich sehnen Sie sich schon immer nach solchen Worten von Jesus: „Du bist frei." Wenn dem so ist, dann können Sie sicher sein, dass Jesus, der Sie geschaffen hat, Sie liebt und Sie frei machen will. Und dass er der Einzige ist, der Sie von seelischem Schmerz, Scham oder Angst befreien kann. Er ist der Einzige, der uns so frei machen kann, dass wir uns aufrichten und erhobenen Hauptes gehen können.

Der Heiler aller Schmerzen

Mir gefällt, wie David in Psalm 3,4 Gott anspricht: „Du bist meine Ehre und richtest mich auf." David kannte Schmerz, der so groß ist, dass er einen Menschen beugt. Jahrelang trachtete ihm König Saul nach dem Leben, von nahestehenden Menschen wurde er betrogen, seine Frau Michal wurde ihm weggenommen, von seinem besten Freund musst er sich verabschieden, sein neugeborener Sohn starb aufgrund seiner eigenen Sünde und sein Herz zerbrach an der Rebellion seines erwachsenen Sohnes Absalom. Doch trotz allem wusste David, dass Gott die Macht, die Kraft und die Fähigkeit hat, ihn von seinem Schmerz zu befreien und ihn wieder aufzurichten.

Wie steht es mit Ihnen? Sind Sie vor unterdrücktem Schmerz gebeugt? Gott kann Sie wieder aufrichten. Sind Sie vor Angst verkrümmt, weil Sie fürchten, was alles geschehen könnte, wenn jemand Ihre Geheimnisse entdeckt? Gott kann Sie von Ihren Befürchtungen befreien und Sie wieder aufrichten. Stecken Sie wegen Verletzungen in Ihrer Vergangenheit bis zum Hals in Bitterkeit? Christus kann Sie aus diesem starken Würgegriff befreien und Ihnen neuen Lebensmut schenken.

Dabei geht er sehr liebevoll vor:

Er trägt unsere Last mit

Jesus fordert alle auf, die müde sind und schwere Lasten tragen (oder niedergedrückt oder gebeugt sind), zu ihm zu kommen, denn er will ihnen Ruhe (und Freiheit) schenken. Er bittet uns inständig: „Nehmt mein Joch auf euch. Ich will euch lehren, denn ich bin demütig und freundlich, und eure Seele wird bei mir zur Ruhe kommen. Denn mein Joch passt euch genau, und die Last, die ich euch auflege, ist leicht" (Matthäus 11,28-30).

Als Jesus am Kreuz hing, um die Strafe für unsere Schuld zu bezahlen, hat er eine viel schwerere Last getragen als wir. Deshalb kann er all das, was uns niederdrückt, und noch mehr tragen.

Bei einer Sommertagung für Pastoren und Bibellehrer hörte ich, wie der Autor John MacArthur überzeugend erklärte, was tatsächlich geschehen ist, als Jesus für uns am Kreuz starb: „Gott behandelte Jesus am Kreuz so, als hätte er persönlich jede Sünde begangen, die jeder Mensch, der je zum Glauben kommt, verübt hat, obwohl Jesus keine einzige Sünde begangen hatte." Das war wirklich eine schwere Last! John MacArthur erklärte weiter: „Gott behandelte Jesus am Kreuz so, als hätte er unser Leben geführt, damit wir so behandelt werden können, als hätten wir sein Leben geführt."[11]

Da Jesus unsere Schuld, unseren Schmerz und unsere Scham getragen hat, müssen wir es nicht mehr tun. Da er alles getragen hat, können wir jetzt in Unschuld, Gerechtigkeit und Freude leben.

Er bringt Hoffnung ins Leben

Oft sind wir bekümmert, wenn wir denken, dass wir in einer bestimmten Situation keine Hoffnung mehr haben. Dabei gibt es bei Gott immer Hoffnung. Zu dieser Hoffnung gehört, dass er alles in unserem Leben zum Guten führt (Römer 8,28) und dass er das, was wir durchmachen, dazu gebraucht, um uns fähig zu machen, anderen zu helfen.[12]

Im Buch der Klagelieder ist der Prophet Jeremia in Schmerz und Schwierigkeiten versunken und gesteht, dass er alle Hoffnung verloren hätte, wenn er sich nicht an den Gott der Hoffnung erinnert hätte:

Denk doch an mein Leid und an meine Verlassenheit, an die Bitterkeit und an das Gift! Immer wieder erinnert sich meine Seele daran und ist niedergeschlagen. Dennoch will ich mir dies zu Herzen nehmen, das will ich hoffen: Die Gnade des Herrn nimmt kein Ende! Sein Erbarmen hört nie auf, jeden Morgen ist es neu. Groß ist seine Treue. Meine Seele spricht: „Der Herr ist mein Anteil, auf ihn will ich hoffen." Der Herr ist gut zu denen, die auf ihn warten und ihn suchen. Deshalb ist es gut, still zu werden und auf die Befreiung durch den Herrn zu warten (Klagelieder 3,19-26).

David und Jeremia erlebten Schmerz und fanden ihre Hoffnung bei Gott. Jesus bietet auch Ihnen diese Hoffnung. Klammern Sie sich an diese Hoffnung – sie wird Sie durchtragen.

Er richtet wieder auf

Jesus hat die verkrümmte Frau berührt und aufgerichtet. Das kann er auch für Sie tun. Als Jocelyn ihren Schmerz anderen Frauen mitteilte, erlebte sie, wie Gott sie aus dem Loch der Einsamkeit ihres Schmerzes herausholte und sie auf festen Boden stellte – den Boden der Gewissheit, dass Gott sie zu seiner Ehre gebrauchte.

Gott richtet uns auch auf, indem er uns hilft, wieder zu lachen, zu lieben und zu leben. In Jeremia 31,13 lesen wir, dass Gott unsere Trauer in Freude verwandeln wird. Und in Psalm 30,11 sagt David zu Gott: „Du hast meine Trauer in einen Tanz voller Freude verwandelt." Trotz allem, was uns niederdrückt, kann Gott uns einen Grund zum Singen, Tanzen und zur Freude schenken.

In ihrem Buch „Beauty Restored" betont Me Ra Koh, dass Jesus die Macht hat, auch den tiefsten Schmerz zu heilen: „Gott wollte mir zeigen, dass wir uns in seinem Licht so sehen können, wie er uns sieht: schön, rein, heil. Nicht unsere Schönheit oder unsere Leistung machen uns so, wenn wir den Schmerz überwinden. Gottes große Liebe ist es, die uns erneuert, indem sie uns befreit und seine Schönheit in uns vollkommen macht."[13] Am Ende ihres Buches fügt sie hinzu: „Wenn auf unserem Weg zur Heilung alles andere misslingt, können wir sicher sein: Seine Liebe findet eine Möglichkeit, in uns zu wachsen, wenn wir ihm unsere Gefühle und Bedürfnisse anvertrauen, und er wird schließlich Licht in jeden verborgenen Winkel unseres Herzens bringen."[14]

Die Macht des richtigen Blickwinkels

Wie kann Gott so etwas zustande bringen? Möglicherweise ist der Schmerz, den Sie in Ihrem Inneren vergraben, so schrecklich, dass Ihrer Meinung nach nichts Gutes daraus entstehen kann. Ich kenne einige Frauen, die wegen der Pornosucht ihrer Männer am Boden zerstört sind. Wie kann Gott eine solche Trauer in einen Grund zum Tanzen verwandeln? Indem er die Prioritäten dieser Frauen neu ausrichtet und ihnen trotz ihrer Lebensverhältnisse Kraft schenkt. Schauen wir nach, was in der Bibel über Gottes Macht in diesen Dingen steht.

In Psalm 43 singen die Söhne Korahs, dass Gott ihre einzige Hoffnung in entmutigenden Situationen ist. Das Lied wurde geschrieben, als Israel von Feinden tyrannisiert wurde. Wer oder was Ihr „Feind" auch immer sein mag – die Scham aus Ihrer Vergangenheit, die versteckte Schuld, die unter Verschluss gehaltenen Geheimnisse, das, was Ihr Leben ruiniert hat – zu allem finden Sie hier ermutigende Worte:

Sende mir dein Licht und deine Wahrheit, sie sollen mich leiten und mich zu deinem heiligen Berg führen, zu dem Ort, an dem du wohnst. Dort will ich vor Gottes Altar treten, vor Gott, den Grund meiner Freude. Ich will dich mit meiner Harfe loben, mein Gott. Warum bin ich so mutlos? Warum so traurig? Auf Gott will ich hoffen, denn eines Tages werde ich ihn wieder loben, meinen Retter und meinen Gott (Psalm 43,3-5).

In diesem wunderbaren Psalm, der den Schmerz vor Gott laut herausschreit, entdecke ich fünf Richtlinien, die uns durch Zeiten helfen können, in denen wir uns im Schmerz alleingelassen fühlen:

1. *Nach der Wahrheit suchen.* Wenn wir verletzt sind oder versuchen, jemanden zu schützen, haben wir oft ein verzerrtes Bild von der Wirklichkeit. Wir verlassen uns mehr auf unsere Gefühle als auf Tatsachen. Wir haben vielleicht den Eindruck, alleine zu sein und von allen abgelehnt oder verurteilt zu werden, obwohl dies gar nicht der Fall ist. Licht und Wahrheit zu suchen bedeutet, Gott zu bitten, unsere Augen für das zu öffnen, was wahr und gerecht ist.[15] In ihrem Buch „Loving God with All Your Mind" weist Elizabeth George auf Folgendes hin: Wenn wir unser Hauptaugenmerk auf das rich-

ten, was wahr ist, dann gilt unsere Aufmerksamkeit dem, was der Wirklichkeit entspricht oder direkt vor uns liegt.[16] Nicht unseren Vermutungen. Nicht unseren Meinungen. Nicht unseren Ängsten. Nicht unseren Wahnvorstellungen. Sondern der Wirklichkeit. Das ist der erste Schritt auf der Suche nach der Wahrheit: die Suche nach dem, was der Wirklichkeit entspricht. (Mehr zu diesem Thema finden Sie in meinem Buch „When You're Running on Empty" [Eugene, OR: Harvest House, 2006].)

2. *Nach Gemeinschaft mit Gott suchen.* Die Psalmisten äußerten, dass sie auf Gottes heiligem Berg wohnen wollen. Das bedeutet mit anderen Worten: „Ich will dir nahe sein." Wenn wir nach Gottes Nähe suchen, dann nähert er sich uns (Jakobus 4,8) und gibt uns die Zuversicht, die wir brauchen, um aus dem Schlupfwinkel der Geheimnisse und Ängste herauszukommen.

3. *Gemeinschaft mit anderen Christen suchen.* Oft erwähnen die Psalmisten, dass sie vor Gottes Altar treten. Damit wollen sie ausdrücken, dass sie regelmäßig den Gottesdienst besuchen, also mit anderen Gläubigen zusammenkommen. Wenn man sich von den anderen abkapselt, weil man glaubt, dass man ihnen irgendetwas nicht mitteilen kann, dann verstärkt man nur seinen Schmerz.

Vor Kurzem haben in meiner Kirchengemeinde einige Frauen die Vorteile einer Selbsthilfegruppe entdeckt. Sie treffen sich einmal in der Woche in einem kleinen Hauskreis, um Gott zu bitten, ihre Verletzungen zu heilen. Sie beten füreinander, beschäftigen sich mit Gottes Standpunkt zu ihrem Schmerz und schöpfen gemeinsam Kraft. Es ist erstaunlich, welche Fortschritte diese Frauen in wenigen Monaten gemacht haben, nur weil sie sich durch die Gebete der anderen getragen wussten. Eine Frau namens Debbie war besonders schüchtern und zurückhaltend und am Anfang nicht bereit, über ihren Schmerz zu sprechen. Ein paar Wochen lang kam sie und hörte den anderen zu, sagte selbst aber nichts. Als ihr bewusst wurde, dass sie mit ihrem Schmerz nicht alleine ist, konnte sie sich öffnen und begann auch, andere zu ermutigen, anstatt nur über ihren eigenen Schmerz nachzugrübeln.

Meine Freundin Darian gestand, dass es der wöchentliche Hauskreis war, der ihr durch ihre schmerzliche Scheidung hindurchgeholfen hat. Die Frauen in ihrer Gruppe ermunterten sie, realistisch zu bleiben, für das zu danken, was sie noch hatte, und sich auf Gottes Wort, seine Zusagen und seinen Trost zu verlassen. „Ich weiß nicht, wie ich das alles ohne ihr Gebet und ohne ihre Unterstützung geschafft hätte“, versicherte Darian. „An manchen Tagen war ich nicht einmal in der Lage zu beten, aber ich wusste, dass sie für mich beten, und irgendwie war das genug.“

Unterschätzen Sie nie die Macht der Gebetsunterstützung in einer kleinen Gruppe. Wir alle brauchen so etwas. Genau wie gute Predigten und Anbetung. Damit komme ich zum nächsten Punkt.

4. *Singen.* „Ich will dich mit meiner Harfe loben, mein Gott“, ruft der Psalmist. So wurde Gott damals angebetet – vielleicht brechen Sie gerne in laute Jubelschreie aus. Wie auch immer. Singen hilft uns, den Blick auf Gott (und nicht auf uns) zu richten. Wenn wir anbetend vor seinem Angesicht stehen, denken wir nicht mehr an uns und unseren Schmerz, sondern an ihn und an seine Ehre. Als Jocelyn Gottes Gnade und Vergebung in ihrem Leben annehmen konnte, hörte sie immer wieder Anbetungslieder und ließ sich durch sie mit Gottes Heiligkeit erfüllen, anstatt sich mit all den Dingen zu befassen, in denen sie versagt hatte. Sie gibt zu, dass sie erst nach Jahren in der Lage war, bestimmte Lieder wie „Amazing Grace“ zu singen, ohne in Tränen auszubrechen. Aber solche Tränen bewirken Erleichterung, wenn es darum geht, eine Last loszulassen. Und heute sind ihre Tränen der Trauer zu Freudentränen geworden.

Bei ehrlicher Anbetung geht es um Gott und nicht um unsere Gefühle. Ehrliche Anbetung erhöht Gott und macht ihn so groß, dass unsere Probleme im Licht seiner Herrlichkeit verblassen. Wenn ich mich verletzt, entmutigt oder missverstanden fühle, höre ich mir ein Anbetungslied an. Dann kreisen meine Gedanken nicht mehr um meine Schwierigkeiten, sondern richten sich auf Gott und sein Wesen aus – und nur auf ihn allein.

5. *Die Hoffnung auf Gott setzen*. Hoffnung entsteht, wenn wir unser Augenmerk auf Gott und seine Herrlichkeit richten. Der Psalmist fragt: „Warum bin ich so mutlos? Warum so traurig?" Dann gibt er sich selbst den Rat: „Auf Gott will ich hoffen, denn eines Tages werde ich ihn wieder loben" (Psalm 42,6). Er redet sich selbst zu: „Denk daran, wer die Verantwortung trägt, wer die Macht hat, alles zu ändern und alles in der Hand hält." Seine Aussage „Ich werde ihn loben" klingt, als wolle er versichern: „Ich werde das überstehen und dann erzählen, wie der Herr mir durchgeholfen hat."

In 2. Mose 16,26-27 erklärte Gott den Israeliten, seinem Volk, dass er Jehovah Rapha ist, „der Herr, der gesund macht". Er versprach, dass er sie von den Krankheiten heilt, an denen andere Völker leiden, wenn sie auf ihn hören und so leben, wie es ihm gefällt, und seine Gebote befolgen. Nachdem er ihnen diese Zusage gegeben hatte, führte er sie zu einem Ort, an dem sie Ruhe und Erholung fanden. Wenn wir zulassen, dass Gott heute unser Heiler wird, befreit er auch uns von unseren Plagen – dem verborgenen Schmerz, der uns niederdrückt – und führt uns zu einem Ort der Ruhe und Erholung. Lohnt es sich nicht, darauf zu hoffen?

Worauf hoffen Sie?

Jocelyn setzte ihre Hoffnung auf Gott und erhielt seine Gnade und Vergebung. Ihre weisen Worte gelten auch uns: „Der Herr vergibt – ob wir unser Geheimnis anderen mitteilen oder nicht. Aber er kann es erst dann zu seiner Ehre gebrauchen, wenn wir bereit sind, uns verletzlich zu machen und es mitteilen."

Können Sie ihm die Last Ihres Schmerzes anvertrauen und darauf bauen, dass er Ihren Schmerz zu seiner Ehre gebraucht, wenn die Zeit dafür gekommen ist, anderen davon zu erzählen? Me Ra hat es getan, und Gott benutzt ihre Geschichte, um andere zu heilen. Lisa hat ihren Schmerz Gott anvertraut und erlebt, wie er sie aus einer Hölle auf Erden erlöst und zu einer Ermutigerin für andere gemacht hat. Sie hat erfahren, dass er ihr ein neues Leben mit seiner Ruhe, seinem Frieden und seinem Schutz geschenkt hat.

Wollen Sie Ihre Hoffnung auf Gott setzen und darauf vertrauen, dass er Sie zu einem Ort der Ruhe, des Überflusses und der Sicherheit führt? Wollen Sie Ihr Herz vor ihm ausschütten und ihn die Bürde tragen lassen, die auf Ihren Schultern lastet? Wollen Sie ihm Ihren Schmerz übergeben und sich von ihm aufrichten lassen?

Denken Sie daran, dass er auf Golgatha eine schwere Last getragen hat, damit Sie befreit werden. Lassen Sie ihn heute Ihre Lasten tragen.

Zum Weiterdenken:

- *Unausgesprochener seelischer Schmerz ist oft noch schwerer zu ertragen. Schütten Sie Ihr Herz bei Gott aus und bitten Sie ihn, Ihnen einen vertrauenswürdigen Menschen zu zeigen, dem Sie von Ihrem Leid erzählen können und der für Sie betet. Überlegen Sie, ob es Ihnen helfen würde, darüber hinaus ein seelsorgerliches Gespräch zu suchen.*
- *Machen Sie eine Liste mit Verletzungen, die Ihnen zugefügt wurden und unter denen Sie noch leiden. Sprechen Sie mit Gott über jede einzelne und bitten Sie ihn um Hilfe, damit*

Sie den Verursachern vergeben können und von Ihren Schmerzen nicht mehr gefangen gehalten werden.

- *Gott hat die Macht, die Wunden unseres Herzens zu heilen, uns mit seinem Schutz zu umgeben und neue Kraft zu schenken: Psalm 3,3; Psalm 28,6-9; Psalm 71,20-21 und Philipper 4,13. Bitten Sie ihn, dass er diese Wahrheiten beim Lesen der Verse tief in Ihrer Seele verankert.*

Kapitel 5

Einsam im geistlichen Leben: tieferes Vertrauen aufbauen

HABEN Sie schon einmal davon geträumt, jemanden zu haben, der ihnen geistlich gesehen sehr nahe ist? Mit dem Sie im Glaubensleben auf gleicher Wellenlänge liegen? Wenn Sie alleinstehend sind und auf einen geistlichen Lebenspartner hoffen oder wenn Sie verheiratet sind, aber mit Ihrem Mann geistlich nicht viel teilen können, dann fühlen Sie sich wahrscheinlich in diesem Punkt einsam.

Immer wieder spricht die Bibel von Frauen, die in ihrem geistlichen Leben einsam waren, oder von Paaren, die geistlich nicht auf der gleichen Linie lagen. Debora, die einzige Richterin Israels, war Ehefrau und Prophetin. Wir lesen nichts davon, dass ihr Mann an ihrer Seite stand und sie unterstützte, als sie Israel in den Krieg gegen die Kanaaniter führte. Als sie einen Mann namens Barak aufforderte, gegen das grausame Volk Kanaans vorzugehen, lautete Baraks ängstliche Antwort: „Wenn du mitkommst, gehe ich, aber wenn nicht, gehe ich auch nicht!“ (Richter 4,8). Wohlgemerkt war Debora Prophetin und Richterin – und daran gewöhnt, mündliche Auseinandersetzungen zu klären – und nicht wie Xena eine Kriegerprinzessin! Trotzdem ging sie mit Barak und besiegte die Kanaaniter. Nirgendwo wird berichtet, dass ihr Mann sich Sorgen um sie machte, geschweige denn, dass er auszog, um ihr Leben zu retten. Debora führte ihren „Dienst“ alleine aus.[17] Jochebed scheint auch alleine gewesen zu sein – allenfalls in Begleitung ihrer Tochter Miriam – als sie ihr Baby Mose in einen Korb legte und am Nilufer aussetzte. Dabei handelte sie im Vertrauen darauf, dass Gott für ihr Kind sorgen würde, das sonst von den Ägyptern umgebracht worden wäre. Obwohl Jochebed verheiratet war, sehen wir sie nicht mit ihrem Mann an ihrer Seite am Flussufer stehen. Es wird auch nicht berichtet, dass er seinen Arm um ihre Schultern legte oder mit ihr betete, als sie beobachteten, wie ihr Sohn den Fluss hinabtrieb. Möglicherweise war er bei der Arbeit und konnte nicht bei ihr sein. Wie dem auch sei, ich stelle mir vor, dass Jochebed alleine dastand und inständig betete.[18]

Abigajil war mit einem Mann verheiratet, der als „grob und unehrlich" beschrieben wird. Sie hörte eines Tages auf ihre innere Stimme, bereitete Essen zu und brachte es David, dem künftigen König, obwohl ihr Mann sich weigerte, dem Gesalbten Gottes zu helfen. Wir erfahren in dieser Geschichte, dass Gott sie an jenem Tag gebrauchte, um ihre ganze Hausgemeinschaft zu retten, und dass sie einen kleinen Krieg verhinderte, während ihr Mann mit seinen Freunden feierte.[19] Zu allen Zeiten gab es Frauen, die ihren geistlichen Weg alleine gingen.

Untersuchungen haben gezeigt, dass auch heute Frauen geistlich alleine sind – vielleicht sogar mehr als je zuvor. Barna Research Online[20] führte vor Kurzem eine Untersuchung in Amerika durch und kam zu folgendem Ergebnis: Im Allgemeinen ist es wahrscheinlicher, dass Frauen wiedergeboren werden als Männer[21], die, Wahrscheinlichkeit, dass Frauen sonntags zum Gottesdienst gehen ist um zehn Prozent höher ist als bei Männern[22], in der Woche haben wahrscheinlich mehr Frauen als Männer in der Bibel gelesen haben und doppelt so viele Frauen wie Männer gehen in eine Bibelstunde oder nehmen an Hauskreisen teil.[23] Im Allgemeinen beten Frauen auch öfter als Männer.[24] Die Untersuchung zeigte auch, dass Frauen häufiger eine persönliche Beziehung zu Gott als „sehr wünschenswert für ihre Zukunft" bezeichnen. Mehr Frauen als Männer versichern, dass der Glaube für sie sehr wichtig ist, und fast 70 Prozent der Frauen beschrieben sich als „tief geistlich", während nur die Hälfte der Männer dies von sich behauptet.

Charles Swindoll, Autor zahlreicher Bücher, angefangen von theologischen Schriften bis hin zu Andachtsbüchern, glaubt, dass „Gott die Frauen besonders aufgeschlossen geschaffen hat". In seinem Buch „Esther: A Woman of Strenght and Dignity" schreibt Swindoll: „Wir Männer sind viel verschlossener, sowohl Gott als auch anderen Männern gegenüber. Aber Frauen sind offen und zugänglich für Gottes Reden. Frauen haben den Wunsch, im Glauben zu wachsen, auf Gottes Handeln einzugehen und ihn zu lieben, wie man ihn bei einem durchschnittlichen Mann nicht findet."[25] Dies soll keine negative Anmerkung über Männer sein, sondern eine Erklärung, weshalb wir uns oft geistlich einsam fühlen, den Grund dafür aber nicht verstehen. Wir fühlen uns einsam, wenn niemand nachvollziehen kann, was uns im Innersten bewegt, wenn wir mit niemandem über geistliche Dinge sprechen können. Wir fühlen uns einsam, wenn niemand versteht oder spürt, was Gott in unserem Leben bewirkt.

Auf verschiedenen Wellenlängen

Linda kann das nachempfinden. Seit über zwanzig Jahren arbeitet sie aktiv in ihrer Kirchengemeinde mit, insbesondere in der Frauenarbeit. Aber sie hat einen Mann, der nicht mit ihr betet und ihre Liebe zu Gott nicht teilt.

„Ich fühle mich einsam, weil wir sozusagen geistlich nicht auf der gleichen Wellenlänge liegen. Wir stehen zweifellos beide im Buch des Lebens, gehen aber an Glaubensdinge ganz unterschiedlich heran."

Eine andere langjährige Freundin von mir bestätigte: „Es kann sehr einsam sein, wenn man mit dem Menschen, mit dem man eins sein soll, nicht über die interessantesten und befriedigendsten Dinge im Leben sprechen kann."

Ich selbst bin mit einem Mann verheiratet, der Gott von ganzem Herzen liebt. Er ist Pastor und setzt sich vollzeitlich für Gott ein. Doch es gibt immer wieder Zeiten, in denen ich mir in meinem geistlichen Leben einsam vorkomme. Ich habe bestimmte Erwartungen – und wenn diese nicht erfüllt werden, fühle ich mich geistlich einsam.

Wenn es nach mir ginge, würde mein Mann jeden Morgen zur festgesetzten Zeit mit mir beten, abends vor dem Schlafengehen mit mir ein Andachtsbuch für Ehepaare lesen und sich mindestens an einem Tag pro Woche mit mir austauschen, was uns während unserer persönlichen stillen Zeit wichtig geworden ist. Den dritten Punkt findet er gut, weil das für ihn eine Herausforderung ist. Doch die beiden anderen Punkte können nur schwer mit unseren verschiedenen Terminkalendern unter einen Hut gebracht werden. Manchmal hält er sie auch für nicht notwendig, außer vielleicht, um seine Frau mit ihrer romantischen Vorstellung von „geistlicher Einheit" zu beschwichtigen.

Unwillkürlich frage ich mich, ob wir Frauen wegen unserer Erwartungen diese geistliche Einheit unerreichbar gemacht haben. Überlegen Sie einmal: Jeder Mensch ist anders, jedes Herz schlägt in einem anderen Rhythmus, jede Seele hat andere Bedürfnisse. Können wir auf der Erde überhaupt mit einem anderen Menschen eine geistliche Einheit bilden?

Wenn Sie alleinstehend oder mit einem nichtgläubigen Mann verheiratet sind, stellen Sie sich unter Umständen diese Frage. Wenn Ihr Mann nicht so Feuer und Flamme für sein geistliches Leben ist wie Sie, machen Sie sich wohl auch darüber Gedanken. Wie dem auch sei: Ich werde mich auf den folgenden Seiten mit der Einsamkeit im geistlichen Leben beschäftigen. Da ich jedoch nicht mit einem ungläubigen Mann zusammenlebe – und auch nicht mit einem Mann, der geistlich selbstzufrieden ist – kann ich nicht behaupten, dass ich wirklich weiß, wie tief Ihre Einsamkeit ist oder welch große Hoffnungen Sie für Ihre Ehe und Ihr geistliches Leben haben.

Jennifer ist eine Frau, die seit mehr als 35 Jahren mit einem ungläubigen Mann verheiratet ist. Durch die Einsamkeit in ihrem geistlichen Leben wurde sie unglaublich stark, und deshalb bat ich sie, mir die Geheimnisse ihrer Kraft und die Grundlage ihrer Hoffnung zu verraten und zu erzählen, wie es für sie möglich ist, mit einem Mann (der ohne Gott lebt) so zu leben, dass Gott geehrt wird. Ich glaube, ihre Geschichte macht Ihnen neuen Mut. (Wenn Sie der Meinung sind, dass dieses Kapitel nicht auf Sie zutrifft, dann lesen Sie bitte trotzdem weiter. Denn es ist gut möglich, dass Ihnen eine Frau einfällt, die durch Jennifers Geschichte ermutigt werden könnte.)

Jennifers Geschichte

Kurz vor dem Abitur entschied sich Jennifer, ihr Leben Jesus anzuvertrauen. Da sie keiner lebendigen Kirchengemeinde angehörte, fehlte ihr in den folgenden zehn oder elf Jahren – also während ihres Studiums und danach – Gottes Orientierung für ihr Leben. Während dieser Zeit lernte sie einen ungläubigen Mann kennen und heiratete ihn zwei Jahre später. Sie hatte keine Vorstellung von den Folgen einer Eheschließung mit einem Mann, der ihren Glauben nicht teilte.

Jennifer: „Als wir befreundet waren, haben wir nicht über ernsthafte Lebensthemen gesprochen. Kein Wunder, dass bald nach der Hochzeit das böse Erwachen kam!"

Jetzt, wo sie seit über 35 Jahren mit einem Mann verheiratet ist, der „nichts mit der Religion am Hut hat", versteht sie, warum Christen in 2. Korinther 6,14 davor gewarnt werden, „gemeinsame Sache mit Ungläubigen" zu machen, denn: „Wie kann das Licht mit der Finsternis zusammenleben?"

„Je mehr ich für Jesus und sein Wort brannte und für ihn leben wollte, umso mehr hat mein Mann in die andere Richtung gezogen. Das habe ich recht schnell gemerkt."

Schon in den ersten Ehejahren erkannte Jennifer, dass sie nicht gegen ihren Mann kämpfte, sondern „gegen jene Mächte der Finsternis, die diese Welt beherrschen, und „gegen die bösen Geister in der Himmelswelt" (Epheser 6,12).

Deshalb brauchte sie eine Strategie. „Täglich, ja stündlich musste ich stark durch den Herrn und durch die mächtige Kraft seiner Stärke sein. Ich musste die komplette Waffenrüstung Gottes anlegen, damit ich allen hinterhältigen Angriffen des Teufels widerstehen konnte" (Epheser 6,10-11; 13-18).

Wenn Jennifer spricht, strömen Bibelverse aus ihrem Mund. Sie hat buchstäblich vom Wort Gottes gelebt und daraus Hinweise erhalten, wie sie in einer Ehe durchhalten kann, die schwierig ist – weil sie dem Herrn nachfolgen will und ihr Mann nicht.

Wie viele Frauen, die in ihrer Ehe geistlich einsam sind, stand Jennifer oft in der Versuchung auszusteigen: „In den ersten vier Ehejahren habe ich einige Male daran gedacht, meinen Mann zu verlassen", berichtete sie. „Jedes Mal, wenn ich ernsthaft über eine Scheidung nachgedacht habe, hat Gott mir jemanden oder etwas geschickt – eine besondere Nachricht, eine Predigt, ein Buch, eine Bemerkung meiner Mutter – das mich wieder auf Gott ausgerichtet hat, und dann habe ich auch wieder darauf vertraut, dass Gott dieses Chaos segnen kann."

Jennifer hat den Appell von Jesus, den Ehepartner nicht zu verlassen,[26] sehr ernst genommen, ebenso wie die Aufforderung der Bibel, bei einem ungläubigen Ehemann zu bleiben, wenn er bereit ist, weiter mit ihr zu leben.[27] Deshalb beschloss sie, durchzuhalten - koste es, was es wolle. „Ich habe Gott ganz tief vertraut und deshalb habe ich an der Ehe festgehalten", erklärte Jennifer. Allerdings war das alles andere als leicht für sie.

Als sie zwei Jahre später wieder Pläne schmiedete, aus der Ehe auszusteigen, bekam sie von einer Freundin ein Buch[28], in dem ihr empfohlen wurde, ihr Augenmerk auf ihre eigenen Fehler zu richten und nicht auf ihren Mann und seine Fehler und was er alles ändern muss. Das war der Beginn eines neuen Abschnitts in ihrem Leben: Sie war jetzt nicht mehr darauf aus, ihren Mann zu ändern, sondern wurde bereit, sich von Gott ändern zu lassen.

„Ich habe in dieser Zeit viel in der Bibel gelesen und auf Gottes Wort vertraut, und ich glaube, deshalb hat Gott das Wort „Scheidung" aus meinen Gedanken verbannt, und ich habe mich und meine Ehe für immer in Gottes Hand gelegt."[29]

Jennifers Ermutigung

„Allmählich ist mir klar geworden, dass Gott mich in das Leben meines Mannes geschickt hat, damit ich für ihn bete, also einen geheimen Auftrag für Gott erledige – hier bei mir zu Hause."

Jennifers „geheimer Auftrag" wird in 1. Petrus 3,1-2 beschrieben: „Ihr Ehefrauen sollt euch euren Ehemännern unterordnen, auch dann, wenn sie nicht an die Botschaft Gottes glauben. Das Beispiel eures Lebens wird sie mehr überzeugen als alle Worte. Sie werden für Gott gewonnen werden, wenn sie sehen, wie ihr vorbildlich und in Ehrfurcht vor Gott lebt."

„Für mich ist es sehr wichtig geworden, dass der Bibel zufolge mein Mann durch meinen Glauben und mein Vertrauen auf Jesus geheiligt und geschützt ist. Das hat mir Hoffnung gegeben, und meine Hoffnung war und ist auf den Gott der Hoffnung gegründet."

Jennifers Ermutigung, weiter zu beten, ihren Mann zu unterstützen und zu achten und weiter zu hoffen, dass Gott an ihm wirkt, beruht auf Jesaja 40,38-31:

Weißt du es denn nicht? Hast du denn nicht gehört? Der Herr ist ein ewiger Gott, der Schöpfer der ganzen Erde. Er wird nicht matt oder müde. Sein Verstand ist unergründlich. Er gibt den Erschöpften neue Kraft; er gibt den Kraftlosen reichlich Stärke. Es mag sein, dass selbst junge Leute [und Ehefrauen] matt und müde werden und junge Männer [und Frauen] völlig zusammenbrechen, doch die, die auf den Herrn warten, gewinnen neue Kraft. Sie schwingen sich nach oben wie die Adler. Sie laufen schnell, ohne zu ermüden. Sie werden gehen und werden nicht matt.

Jennifer hat neue Kraft geschöpft, und oft habe ich erlebt, wie sie sich „nach oben schwingt wie ein Adler". Sie gehört zu den leitenden Beterinnen ihrer Gemeinde und verantwortet einen wöchentlichen Gebetskreis für Mütter von Studenten, denen es am Herzen liegt, unablässig für ihre Kinder zu beten. Sie hat ein dienendes Herz und lebt, was sie in der Bibel liest. Diese Frau, deren Leben ich mir nicht innerhalb der vier Wände ihres Hauses vorstellen kann, ist eine Quelle der Ermutigung für alle geworden, mit denen sie Kontakt hat. Denn in all der Zeit, in der sie auf Gott vertraute, hat er sie warmherzig und gütig gemacht.

Jennifer betet für ihre eigene Veränderung genauso viel wie für die ihres Mannes. „Von da an habe ich dafür gebetet, dass Gott mich ändert und mir sagt, was ich tun und wie ich mich verhalten soll. Ich wollte eine Ehefrau und Mutter sein, die Gottes Herz mit Freude erfüllt. Ich habe versucht, mich nicht so wichtig zu nehmen (Römer 6) und Gott und meinen Mann höher zu achten als mich selbst (Epheser 5,21-33). Außerdem bin ich fest davon überzeugt, dass folgender Vers stimmt: ‚Wenn der Herr nicht das Haus baut, ist die Arbeit der Bauleute vergeblich' (Psalm 127,1)."

Jennifer hat erkannt, dass ihr Versuch, ihren Mann zu retten, eine „vergebliche Arbeit der Bauleute" ist. „Auch wenn ich möglicherweise nicht den Mann geheiratet habe, den Gott für mich vorgesehen hatte, vertraue ich voll und ganz darauf, dass Gott unsere Ehe segnet und alles zum Guten führt (Römer 8,28). Ich weiß, dass wir in unserer Ehe das Beste verpassen, das Gott für uns vorgesehen hat. Wir können Gottes vollen Segen nicht erhalten, solange mein Mann und ich nicht beide Jesus als Erlöser angenommen haben. Wenn ich an all die Jahre denke, die durch das verhärtete Herz meines Mannes vergeudet wurden, stimmt mich das traurig; Gott wollte unser Leben noch viel mehr segnen. Aber ich kann mich von der Trauer nicht auffressen lassen. Stattdessen will ich mich an Gottes Zusage in Joel 2,25 halten: Ich will euch zurückgeben, was die Heuschrecken … gefressen haben." Die Überzeugung, dass Gott ihr eines Tages das Verlorene zurückerstattet, ist eine fortwährende Quelle der Ermutigung für Jennifer.

„Sobald sich die Traurigkeit in mir breitmacht, lasse ich den Schmerz zu, lege ihn Gott hin und bitte ihn um seinen Segen. Er hilft mir dann, dass ich meinem Mann vergeben kann, so wie Christus mir selbst täglich aufs Neue vergibt und die Beziehung zu ihm wiederherstellt."

Anvertrauen und vertrauen

Auch Nancy hat lange darunter gelitten, dass Stan lieber ohne Christus leben wollte. Als sie vor Kummer weder ein noch aus wusste, legte sie Stan in Gottes Hand – egal, ob er sich ihm eines Tages anvertrauen würde oder nicht.

„Das Schlimmste war, dass ich mich damit abfinden musste, dass er nicht gerettet ist und vielleicht nie gerettet wird", gestand sie. „Ich habe hier richtige Trauerarbeit geleistet, aber dann unglaublichen Frieden gefunden."

Nancy hat Gott in einer Tiefe erfahren, die ich nicht ausloten kann.

„Ich vertraue auf Gott, nicht auf die Hoffnung, dass mein Mann gerettet wird, sondern alleine auf Gott. Gott ist gut, weise und allmächtig. Letztendlich rettet Gott jeden, den er retten will. Darauf muss ich vertrauen."

Natürlich betet Nancy immer noch für die Rettung ihres Mannes. Aber sie betet: „Dein Wille geschehe für ihn, nicht meiner."

Nancy sagte, dass sie nicht darüber nachdenkt, wie ihr Leben verlaufen wäre, wenn sie Stan nicht geheiratet hätte. Sie ist vielmehr davon überzeugt, dass es Teil von Gottes höchstem Plan für ihr Leben ist, dass sie lernt, auf Gott zu vertrauen, indem sie ihren geliebten Mann Gott anvertraut.

Einsichten für Ehefrauen

Ich bat Jennifer, Frauen wie Nancy, die in ihrem geistlichen Leben einsam sind, einige Hilfen zu geben. Ihre weisen Worte für die Frauen von Männern, die Gott nicht kennen, gelten auch für jede Frau, die sich wünscht, dass ihr Mann sein geistliches Leben ernster nimmt.

Legen Sie Ihren Mann in Gottes Hand. Jennifer berichtet: „Vor Jahren hat Gott mir deutlich gemacht, dass ich meinen Mann loslassen darf und dass ich Gott nicht im Weg stehen soll, damit der Heilige Geist an meinem Mann wirken kann" (siehe Johannes 16,8-11). Vielen Frauen fällt das nicht leicht, doch Jennifer empfand es als Entlastung. „Ich war froh, dass ich loslassen konnte. Ich habe das als Entspannung empfunden, auf Gottes Eingreifen im Leben meines Mannes vertrauen zu dürfen. Der Glaube meines Mannes ist eine Angelegenheit zwischen ihm und Gott, nicht zwischen meinem Mann und mir. Mein Mann muss sich selber für sein Verhalten und sein Tun vor Gott verantworten.

„In den ersten Jahren unserer Ehe habe ich Ereignisse, Situationen, Zeitpläne, Menschen und alles Mögliche manipuliert, damit ich sicher war, dass er zur rechten Zeit am rechten Ort war und die richtigen Entscheidungen treffen konnte", gestand Jennifer. (Das tun wir doch auch mit unseren gläubigen Männern, nicht wahr?) „Das war viel Arbeit, es war anstrengend, frustrierend und enttäuschend, weil er nicht so reagierte, wie ich es gehofft hatte. Ich hatte für meinen Mann Erwartungen und Ziele, die nicht seine Erwartungen und Ziele waren, und das Ergebnis war immer eine Enttäuschung für mich."

Jennifer musste immer wieder lernen, dass die, die auf den Herrn vertrauen, nicht enttäuscht werden (1. Petrus 2,6). „Wenn ich meinen Mann loslasse und ihn in Gottes Hand lege, hat er die Freiheit, er selber zu sein, und kann nach seinem Tempo wachsen."

Zollen Sie Ihrem Mann Anerkennung. Philipper 4,8 erklärt die Gesinnung, die wir als Gläubige haben sollen, und wie diese Einstellung unser Reden und Verhalten beeinflusst. Doch dieser Vers kann auch als Richtlinie für das Leben mit einem Ungläubigen gelten:

Konzentriert euch auf das, was wahr und anständig und gerecht ist. Denkt über das nach, was rein und liebenswert und bewunderungswürdig ist, über Dinge, die Auszeichnung und Lob verdienen.

Jennifer: „Das erinnert mich daran, dass ich nach Möglichkeiten suchen soll, meinen Mann zu loben und ihm zu danken, wenn er etwas Positives sagt oder tut. Ich will ihn ermutigen, unterstützen, lieben und achten. Ich finde immer die Zeit, ihm auf verschiedene Weise zu sagen, dass ich ihn liebe. Jesus hat mir klargemacht, dass ich mich auf die guten Seiten meines Mannes konzentrieren soll." Jennifer zitiert die Frau aus Sprüche 31, die ihren Mann ihr ganzes Leben lang unterstützt und ihm nichts Böses zufügt (Vers 12). „Auch ich will immer anerkennend über meinen Mann sprechen und ihm Gutes tun, wie Jesus es tun würde."

Räumen Sie Ihrem Mann den Vorrang ein. Jennifer hat festgestellt, dass sie ihren Mann ehrt und ihm die Möglichkeit gibt, Gott durch sie kennenzulernen, wenn sie seine Bedürfnisse an erste Stelle setzt – über ihre eigenen Wünsche und die anderer.

„Am Anfang ist mir das schwergefallen. Als ich dann aber gesehen habe, wie erfreut mein Mann darauf reagiert, war es für mich die Bestätigung, dass Jesus auch so handeln würde."

Schon früh hat Jennifer festgestellt, dass es die Beziehung zu Gott fördert, in der Bibel zu lesen, aktiv an Frauenveranstaltungen teilzunehmen und Aufgaben in ihrer Kirche zu übernehmen. Ihr ist aber auch klargeworden, dass ihr Mann denken könnte, dass er für sie weniger wichtig ist als die Kirchengemeinde, und dass er sich deshalb über Gott und die Kirche ärgert. Um einen Konflikt zwischen ihrem geistlichen Leben und ihrem Mann zu vermeiden, hat Jennifer ihm immer wieder bewiesen, dass sie ihn trotz ihrer Beziehung zu Gott nicht vernachlässigt.

„Bevor ich abends oder am Wochenende zu einer kirchlichen Veranstaltung fahre, achte ich immer darauf, dass das Essen vorbereitet, das Haus in Ordnung und die Kinder versorgt sind." Es ist schon vorgekommen, dass Jennifer aus Rücksicht auf ihren Mann auf ein geplantes Treffen verzichten musste. Sie hat gelernt, das ohne Schuldgefühle oder Ärger hinzunehmen. Denn sie ist davon überzeugt, dass ihre wichtigste Aufgabe als Dienerin Gottes ist, ihren Mann an die erste Stelle zu setzen. Sie weiß, dass Gott ihren Wunsch sieht, es ihrem Mann recht zu machen, und dass diese Einstellung auch ihrem „himmlischen Ehemann" gefällt.

Beten Sie für Ihren Mann. Inzwischen hat Jennifer verstanden, was es bedeutet, ohne Unterlass für ihren Mann zu beten. Sie betet nicht nur für seine Beziehung zu Gott, sondern auch für jeden Bereich seines Alltags – manchmal den ganzen Tag über oder während ihrer Gespräche und Auseinandersetzungen. „Manchmal bete ich im Stillen sogar für seine Einstellung, seinen Ton oder den Inhalt seines Redens, wenn er direkt mit mir spricht. Dann kann ich besser auf Gott und den Heiligen Geist hören, und das hilft mir in schwierigen Situationen."

Beten Sie mit anderen Frauen. „Da ich mit meinem Mann nicht beten kann, habe ich nach anderen Frauen Ausschau gehalten, die an die Macht des Gebets glauben", berichtete Jennifer. Vor dreizehn Jahren entdeckte sie eine überkonfessionelle Gebetsbewegung von Müttern, die sich regelmäßig treffen, um für ihre Kinder und deren Schulen zu beten. „Durch *Moms in Prayer* hat Gott mich mit gläubigen Frauen in Kontakt gebracht. Diese Frauen haben mein Bedürfnis nach Gebetsgemeinschaft gestillt, was mein Mann nicht kann."

Das Gebet mit anderen gläubigen Frauen hat Jennifer gesegnet und ihr Leben als Christ im Alltag gestärkt. „Ich kann leidenschaftlich und mit ganzem Herzen alleine beten, doch es liegt eine besondere Macht im Gebet, wenn man Gott gemeinsam bittet. Es ist tröstlich, wenn man die Last nicht alleine tragen muss."

Ob Sie mit einem ungläubigen Mann oder mit einem Mann, der

ihr Bedürfnis nach Gebetsgemeinschaft nicht teilt, zusammenleben: Sie brauchen andere Frauen, die Sie unterstützen und die Sie ermutigen. Mit anderen Worten: Jede Frau – egal in welcher Situation sie lebt – braucht andere Frauen, mit denen sie beten kann. Obwohl mein Mann an geistlichen Dingen sehr interessiert ist, gibt es Fragen über mein Leben mit Gott, die nur eine Frau verstehen kann und über die ich nur mit einer Frau sprechen kann. Deshalb brauchen wir Frauen die Gemeinschaft mit anderen Frauen.

Ein Grund zur Freude

Wie Nancy hat Jennifer erlebt, dass Gott Dinge in ihrem Leben verändert hat, die ohne ihre Ehe mit einem ungläubigen Mann wohl nicht eingetreten wären. Sie hat erfahren, wie Gott ihr Wesen geprägt und ihr geholfen hat, ihre Zunge im Zaum zu halten und mit ihrem Mann freundlich umzugehen – gerade, wenn die Situation angespannt war und er bissige Bemerkungen gemacht hat. Ihr blieb nichts anderes übrig, als darauf zu vertrauen, dass Gott und der Heilige Geist ihr helfen, ihren Schmerz zu überwinden. Sie hat erlebt, dass sie von Gott geführt wird und hat als Ehefrau eines Mannes, der Gott nicht kennt, einen Sinn in ihrem Leben erkannt.

„Als Ehefrau eines ungläubigen Mannes habe ich so für Christus zu leben, wie er es von mir möchte, damit mein Mann und meine Kinder durch mein Vorbild Christus erkennen." Jennifers Ziel? Dass ihr Mann „ohne Worte gewonnen" wird (1. Petrus 3,1; Luther 84).

Dass Jennifer in der Wüste der geistlichen Einsamkeit mit Gottes Hilfe gewachsen ist, sieht man an ihrer Lebenseinstellung und ihrer Bereitschaft, andere Frauen zu ermutigen, die ebenfalls in ihrem geistlichen Leben einsam sind. „Was meinen Mann betrifft, bin ich geistlich einsam, aber durch meine Beziehung zu Christus bin ich geistlich ausgefüllt. Ich habe seine tiefe Freude im Herzen und Gemeinschaft mit Christinnen, die Gott in mein Leben geschickt hat.

Ich danke Gott für meine Lebensumstände, denn sie haben mich ihm näher gebracht, mich geprägt und zu der Frau und Mutter gemacht, die ihm gefällt. Ich befolge die Aufforderung in Galater 6,9: Deshalb werdet nicht müde zu tun, was gut ist. Lasst euch nicht entmutigen und gebt nie auf, denn zur gegebenen Zeit werden wir auch den entsprechenden Segen ernten.

Gottes Plan ist vollkommen. Er hat mich geliebt, als ich ihn noch gar nicht kannte. Er kennt meine Bedürfnisse und weiß, was mich näher zu ihm bringt. Gott ist mit mir noch nicht fertig. Vor mir liegt noch ein langer Weg. Aber ich glaube wirklich, dass er mich so formt und prägt, dass ich seinen Willen tue, wenn ich meinen Mann liebe und ihm gehorche. Ich freue mich auf den Tag, an dem ich Gottes Willen völlig entspreche."

Können Sie das auch von sich sagen? Können Sie es annehmen, dass es vielleicht Ihr Auftrag ist, der schweigende Zeuge zu sein, durch den Gott so wirkt, dass Ihr Mann eine persönliche Beziehung zu Jesus aufnimmt oder intensiver für ihn lebt? Wenn Sie diese Frage bejahen können, sind Sie eine Frau, die durch ihre geistliche Einsamkeit stärker geworden ist.

Jedes Herz kann sich ändern

Ich weiß, dass viele Frauen darüber nachdenken, aus ihrer Ehe auszusteigen, weil sie keine geistliche Einheit mit ihrem Mann finden, weil es zu schwierig ist, in der Zerrissenheit zu leben und weil es dem Licht schwerfällt, mit der Finsternis zusammenzuleben. Sollte das auf Sie zutreffen, dann hoffe ich, dass Sie Jennifers Rat befolgen und durchhalten – und dabei mit Gottes Hilfe stärker werden, ihre Rolle als schweigender Zeuge im Leben Ihres Mannes sehen und ein tieferes Vertrauen zu Gott gewinnen, der retten und verändern kann.

Auch Robin konnte es nicht glauben, dass Gott jeden Menschen retten oder verändern kann. Ich möchte Ihnen ihre Geschichte erzählen, um Ihnen zu zeigen, dass Gott die Macht hat, jeden zur Umkehr zu bewegen.

Als Robin heiratete, war sie davon überzeugt, dass ihr Mann Jack ihren Glauben teilte. Doch nach einigen Ehejahren musste sie feststellen, dass Jack keine Beziehung zu Christus hatte und auch keine wollte. Er hatte nichts gegen den christlichen Glauben. Er hatte nur einfach für sich persönlich kein Bedürfnis nach Religion. „Er war so unerreichbar, weil er mit sich selbst so sehr im Reinen war, dass er anscheinend Gott nicht brauchte", erzählte Robin.

„Er war ruhig und zurückhaltend und hat nicht über seine Gefühle oder Dinge, die ihm auf dem Herzen lagen, gesprochen. Bei uns hat viel Schweigen geherrscht. Es war fast unmöglich, zu ihm durchzudringen. Er konnte mir nicht anvertrauen, was ihn innerlich bewegte, und auch kein Mitgefühl zeigen, wenn ich ihm etwas erzählte." Dadurch entstand eine Kluft zwischen ihnen, die Robin für unüberwindbar hielt.

Da Jack beruflich sehr eingespannt war und Robin die Kinder betreute, sahen sie sich mehrere Jahre lang kaum und sprachen noch weniger miteinander. Erst als Robin sich regelmäßig mit anderen Frauen traf, die für ihre ungläubigen Männer beteten, traten Änderungen ein.

„Mir ist klar geworden, dass ich geistlich wachsen muss, damit mein Mann sieht, was Gott im Leben eines Menschen bewegen kann", berichtete sie. „In dieser Zeit habe ich die persönliche Beziehung zu Gott aufgenommen, die mit meinem Mann unmöglich war. Ich habe auch gelernt, wie ich für Jack beten kann, wie ich freundlich und ruhig bleiben kann und meine eigene enge Beziehung zu Gott lebe, sodass er sieht, wie mich das verändert."

Fast fünfzehn Jahre lang lebte Robin in dieser engen Beziehung zu Gott und betete beständig, dass Jack Gott gegenüber offener wird. Doch anscheinend änderte sich nichts. Robin kann sich gut erinnern, wie sie eines Morgens ihren Kopf an die Duschwand lehnte und Gott verzweifelt bat, unbedingt etwas in Jacks Leben zu tun: „Gott, ich habe es satt, in einem Haus zu leben, in dem du nicht der Mittelpunkt bist. Bitte tue alles, was nötig ist, damit unsere Familie dahin kommt, wo du sie haben willst. Tue alles, was nötig ist, damit Jack sich dir zuwendet."

Robin ist davon überzeugt, dass das, „was nötig ist", eine Woche später eintraf. Sie erhielten bestürzende Nachrichten von ihrer Tochter im Teenageralter, die bald darauf einen Selbstmordversuch unternahm. Jack war zutiefst erschüttert und suchte Hilfe bei Gott. Robin hatte sich sofort an Gott gehalten – als ihren Felsen, ihren Versorger und ihren Zufluchtsort im Sturm.

Jack sah, dass Robin in dieser Familienkrise eine unnatürliche Kraft ausstrahlte und wollte diese Kraft auch haben. Als er eines Tages auf seine Frau zuging, um sie zu trösten, sagte sie ihm, dass sie nur im Gebet Trost finden kann – obwohl sie wusste, dass er das unmöglich verstehen oder mit ihr teilen konnte. Das Wissen, dass seine Frau bei jemand anderem als ihm Trost findet, muss Jack Angst eingejagt oder ihn zumindest herausgefordert haben. Denn später gestand er Robin, dass ihre Worte ihn im Innersten getroffen hatten und er sich Gedanken über seine Kraftlosigkeit und seine Unfähigkeit machte, für seine Frau da zu sein.

Am nächsten Sonntag ging Jack mit seiner Frau zum Gottesdienst. Während des Abendmahls traf er die Entscheidung, mit Jesus zu leben. Als er an jenem Abend Robin davon erzählte, konnten sie zum ersten Mal nach fast zwanzig Jahren Ehe miteinander beten. Sie erneuerten ihr Eheversprechen und unterstellen jedes ihrer Kinder Gottes Schutz.

Seither sind mehrere Jahre vergangen, und Robin stellt langsame, aber stetige Veränderungen in ihrem Mann fest. Sie erlebt, wie er allmählich zu dem Mann wird, den Gott geplant hat. Wenn die Änderungen für Robin nicht schnell genug stattfinden, muss sie sich oft zurückhalten. „Ich war so lange das geistliche Oberhaupt in unserer Familie, aber jetzt darf ich nicht vergessen, dass ich es Gott überlassen muss, wie und wann er Jack prägt. Es ist nicht meine Aufgabe, ihn nach meinen Vorstellungen vorwärtszubringen."

Robin sagt oft den Frauen, die sich eine Veränderung im Herzen ihres Mannes wünschen, dass Gott jeden Menschen retten kann. Nur tut er es auf seine Weise und nach seinem Zeitplan. „Bitten Sie Gott um eine Vorstellung von der Zukunft [wenn es darum geht, dass Ihr Mann anfängt, Jesus zu vertrauen]. Bitten Sie ihn um Hoffnung auf das, was eines Tages sein wird. Das bedeutet Glauben. Es ist der Glaube, dass alles nach seinem Zeitplan geschieht und dass er letztendlich die Dinge in der Hand hat."

Es ist der Glaube, dass Gott jeden Menschen ändern kann.

Ich erinnere mich, dass ich manchmal schon im Stillen gedacht habe: „Der ändert sich nie. Den kann nicht einmal Gott ändern." Wie dumm und arrogant anzunehmen, dass die Macht Gottes einen Menschen nicht verändern kann! Manche Menschen, über die ich solche Gedanken hatte, haben sich inzwischen vollkommen verändert und erinnern mich ständig daran, dass Gottes Gnade jeden erreichen kann. Jetzt weiß ich, dass Gott jedes Leben verändern, jedes Herz erweichen und jede Seele retten kann. Er kann Jack, Ihren Mann und jeden anderen Menschen verändern.

Vertrauen

Wenn Sie fürchten, dass sich Ihr Mann nie Gott zuwenden wird, sollten Sie keine Erwartungen an Ihren Mann stellen. Es steht nicht in seiner Macht, eine Sehnsucht nach Gott zu bekommen. Der Bibel zufolge fragt keiner von sich aus nach Gott (Römer 3,10-12; 8,7). Nur Gottes Macht, die in uns wirkt, befähigt uns, Gott zu lieben, sich nach ihm zu sehnen und das zu tun, was ihm gefällt.

Wenn Sie Ihr Hauptaugenmerk nicht auf Ihren Mann, sondern auf Gott richten, dann entdecken Sie vielleicht Veränderungen bei Ihrem Mann. Vielleicht aber auch nicht. Aber auf jeden Fall werden Sie Veränderungen bei sich selbst feststellen. Robin und Jennifer haben das erfahren. Und das ehrt Gott.

Setzen Sie Ihre Hoffnung auf Gott, der Ihren Mann geschaffen hat und ihn mehr liebt, als Sie es jemals können. Vergessen Sie nicht, dass Gott sich nach einer Beziehung zu Ihrem Mannes mehr sehnt, als Sie es tun. Gott ist der Einzige, der Ihren Mann erreichen kann, denn sein Arm ist nicht zu kurz, um zu helfen (Jesaja 59,1). Unser Gott ist der eine, dem nichts unmöglich ist (1. Mose 18,14). Sagen Sie nie: „Nicht einmal Gott kann sein Herz verändern!" Sagen Sie stattdessen: „Gott, du bist so groß, dass du jeden Menschen erreichen kannst, und deine Wege und Pläne sind durchdachter als meine. Ich vertraue darauf, dass du so wirkst, wie ich es nicht kann."

Und während dieser ganzen Zeit wachsen Sie! Gott ist bei Ihnen, bei jedem Schritt auf Ihrem Weg.

Zum Weiterdenken:

- *Denken Sie über zehn Dinge nach, für die Ihr Mann Ihre Wertschätzung verdient und schreiben Sie sie auf. Wie könnten Sie ihm Ihre Anerkennung dafür ausdrücken? Werden Sie kreativ. Überlegen Sie sich unterschiedliche Wege, ihn Ihre Dankbarkeit spüren zu lassen.*
- *Ihr Mann teilt Ihren Glauben? Dann überlegen Sie, welche Ihrer Erfahrungen, die Sie kürzlich mit Gott gemacht haben, ihn ermutigen könnten, und erzählen Sie ihm davon.*
- *Lesen Sie die Geschichte von Abigail in 1. Samuel 25,1- 42. Worin zeigt sich, dass Abigail eine weise Ehefrau war? Welche nachahmenswerten Charaktereigenschaften lassen sich an ihr ablesen? Wie reagierte Gott darauf? Inwiefern könnte diese Frau Sie persönlich inspirieren?*

Kapitel 6

Einsam in der Gemeinde: mehr von Gott erleben

JAHRELANG wünschte sich Debe, dass Randy mit ihr zum Gottesdienst geht. Sie war es leid, alleine in der Kirche zu sitzen, alleine Lieder zu singen und sich alleine Notizen von der Predigt zu machen. Sie sehnte sich regelrecht danach, sich gemeinsam mit ihrem Mann von der Musik und der Predigt in den Gottesdiensten inspirieren zu lassen.

Lange konzentrierte sich Debe nur auf den Nutzen, den ihr Mann aus dem Gottesdienst hätte ziehen können. Sie erinnert sich daran, dass sie bei jeder Predigt hauptsächlich auf das achtete, was ihrer Ansicht nach genau zu ihrem Mann passte. „Das müsste Randy hören“, dachte sie immer wieder. Oder: „Dieser Vers ist für Randy bestimmt.“

Nachdem Debe einige Jahre lang alleine den Gottesdienst besucht hatte, verlor sie den Mut und war manchmal richtig niedergeschlagen darüber, dass ihr Mann diesen wichtigen Teil ihres Lebens nicht mit ihr teilte. Deshalb kam sie in ihrem eigenen Glaubensleben auch nicht voran und fasste schließlich den Entschluss, aus der Ehe auszusteigen und sich nach jemandem umzusehen, der mit ihr in den Gottesdienst gehen und sie in ihrem Leben mit Gott ermutigen würde. Doch Debes Pastor redete ihr diese Pläne aus. Er empfahl ihr, sich darauf zu konzentrieren, was Gott in ihrem Leben verändern wollte und nicht im Leben ihres Mannes. Als Debe diesen Rat befolgte, entdeckte sie eine ganz neue Seite von Gott, die sie bisher nicht kannte.

„Der Gottesdienstbesuch alleine hat für mich eine ganz neue Dimension bekommen“, erinnert sich Debe. „Ich kann Gott viel vertrauter anbeten, wenn ich erwarte, dass Gott meine Sehnsucht stillt (und nicht Randy). Meine Beziehung zu Jesus ist viel persönlicher geworden. Dabei sind meine geistlichen und sogar emotionalen

Wünsche erfüllt worden. In meiner stillen Zeit zeigt Gott mir immer wieder Bibelstellen, die etwas mit meinem Leben zu tun haben. Da ich Musik liebe, singe ich oft Anbetungslieder. Mit jedem Gottesdienst wird meine Beziehung zu Jesus tiefer. Ich bete, höre und wachse.“ Debe hat erkannt, dass es eine wunderbare Sache sein kann, alleine in den Gottesdienst zu gehen!

Auch Rona fühlt sich im Gottesdienst einsam. Sie ist nicht verheiratet und fragt sich, wann wohl der Tag kommt, an dem sie nicht mehr alleine in der Kirche sitzen muss. „Wie ist es, wenn ein Ehemann neben einem sitzt und einem beim Gottesdienst die Hand hält? Wie ist es, wenn man in der Kirche neben jemandem sitzen kann, den man liebt?“

Geistlich wieder einsam

Als ich vor 25 Jahren Hugh heiratete, freute ich mich riesig darauf, mit meinem Mann zusammen im Gottesdienst zu sein. Mein Traum war, dass wir beide in eine Gruppe für junge Ehepaare gehen, uns zu Hause darüber unterhalten und jeden Abend vor dem Schlafengehen in der Bibel lesen und beten und am Sonntag im Gottesdienst händchenhaltend nebeneinander stehen und gemeinsam Gott anbeten.

Das ist bisher selten geschehen ... Da mein Mann schon Bibelstunden hielt, bevor wir heirateten, ist meine romantische Vorstellung von der Teilnahme an einer Gruppe für junge Ehepaare nie Wirklichkeit geworden. Im ersten Jahr unserer Ehe nahm ich an Hughs Bibelstunde über den 1. Petrusbrief teil. Danach hielt er Abende für Studenten und Singles, und ich half mit. Dann beendete er sein Theologiestudium und wurde als Pfarrer feierlich in sein Amt eingesetzt. In den folgenden acht Jahren stand er auf der Kanzel, und ich saß alleine auf der Kirchenbank. (Ich saß im wahrsten Sinne des Wortes alleine da, weil es den meisten Leuten peinlich war, in der ersten oder zweiten Reihe neben der Frau des Pfarrers zu sitzen – aus irgendeinem komischen Grund ist das so!) Während dieser Zeit in der einsamen ersten Reihe wurde mir klar, dass Gott mich mehr gebrauchen kann, wenn ich mitarbeite. Also hielt auch ich Bibelstunden, half bei der Kinderbetreuung oder sang im Lobpreis-Team.

Neun Jahre später, als Hugh und ich bei einer größeren Kirchengemeinde arbeiteten, konnten wir immer noch nicht den Luxus genießen, gemeinsam den Gottesdienst zu erleben. Im ersten Gottesdienst hielt er einen Vortrag – im zweiten ich. An jedem Sonntagmorgen hasteten mein Mann und ich in der Kirche nur aneinander vorbei, jeder auf dem Weg zu seinem Saal. Heute steht mein Mann wieder auf der Kanzel, und ich sitze erneut alleine in der ersten Reihe, falls ich niemanden überreden kann, sich zu mir zu setzen. Da mein Mann und ich in all diesen Jahren „zusammen" dienten, konnten wir nur selten „zusammen Gottesdienst feiern".

In unseren ersten Ehejahren kam es nur wenige Male vor, dass wir während eines Teils des Gottesdienstes nebeneinander saßen. Ich erinnere mich, dass ich mich dann hauptsächlich auf meinen Mann neben mir konzentrierte und nicht auf Gott, den ich anbeten sollte. Ich überlegte mir: „Warum legt er seinen Arm nicht um meine Schultern, wie all die anderen Männer es mit ihren Frauen in der Kirche tun? Ob er beim Gebet wohl meine Hand in seine nimmt? Oder ist er immer noch wütend auf mich, weil er wegen mir zu spät gekommen ist? Hat er kapiert, was der Pfarrer gesagt hat, oder denkt er, dass das auf mich gemünzt ist?"

Es gab Zeiten, da habe ich mich danach gesehnt, dass Hugh im Gottesdienst neben mir sitzt. Aber als mir klar geworden ist, dass es bei der Anbetung Gottes nicht darum geht, wer neben mir oder nicht neben mir sitzt, habe ich gelernt, was Anbetung bedeutet.

Ich kann Ihnen also aus erster Hand erzählen, dass es eigentlich sehr gut ist, bei der Anbetung alleine zu sein, denn hier geht es um etwas zwischen uns und Gott. Auch wenn wir im Gottesdienst oder bei der Anbetung lieber nicht alleine wären, kann sogar das für uns etwas Wunderbares werden.

Hannas einsame Zeiten

Hanna wusste nur allzu gut, was es bedeutete, alleine im Gottesdienst zu sein, alleine zu beten und Schweres alleine zu tragen. Sie wünschte sich so sehr ein Kind – mehr als alles andere auf der Welt. Und eines Tages schüttete sie verzweifelt ihr Herz vor Gott aus. Sie erzählte ihm von ihrer Sehnsucht und Traurigkeit, wenn sie all die anderen Frauen mit ihren Kindern sah, von ihrer Enttäuschung, dass sie ihrem Mann kein Kind schenken konnte, und von ihrem Schmerz darüber, dass sie die Zielscheibe des Spotts der anderen Frau ihres Mannes war …

Sie betete, weinte und legte ein Gelübde ab: Wenn Gott ihr ein Kind schenkt, wollte sie es Gott zurückgeben und es sollte sein ganzes Leben lang im Tempel dienen. Diese Frau nahm kein Blatt vor den Mund, wenn sie mit Gott sprach, und sie tat es alleine. Ihr Mann Elkana muss in einem anderen Teil des Tempels gewesen sein, wo er Gott anbetete und seine Opfer darbrachte. Doch es war gar nicht nötig, dass Elkana neben Hanna stand. Gott begegnete Hanna, als sie alleine betete. Und er schenkte ihr das Kind, um das sie ihn gebeten hatte.

Nachdem Hannas Sohn groß genug war, kehrte sie zum Tempel zurück – dieses Mal, um Gott für sein Geschenk zu danken und um ihren Sohn beim Priester zurückzulassen. Anscheinend tat sie das wieder alleine. Haben Sie sich auch schon einmal gefragt, warum sie ihren Mann Elkana nicht aufgefordert hat, mit ihr um ein Kind zu beten? Finden Sie es nicht seltsam, dass in 1. Samuel 2 nur das Gebet und das Loblied einer Mutter aufgezeichnet sind – ohne dass klar ist, ob der Vater die ganze Sachte teilte? Ich glaube, dass Hanna eine solch tiefe Erfahrung mit Gott gemacht hat, als sie um ein Kind bat, dass sie alleine sein wollte, als sie zu Gott zurückkehrte. Bei ihrem früheren Besuch im Tempel wollte sie vor Gott ihr Herz alleine ausschütten. Später, nachdem sie ein Kind hatte, wollte sie Gott alleine loben und preisen. Das war etwas Persönliches zwischen ihr und

Gott. Und offensichtlich war es ihr nicht wichtig, ob ein Mann oder jemand anderes dabei an ihrer Seite stand oder nicht. Die Hauptsache für sie war, dass sie Gott loben konnte.

Einsam im Gebet

Meine Freundin Sara kann das nachvollziehen. Als ich sie – wie so viele andere Frauen – fragte, ob sie sich jemals im Gebet einsam gefühlt habe, vielleicht weil ihr Mann nicht regelmäßig mit ihr betet, war ich über ihre Antwort überrascht: „Kurt betet mit mir, wenn ich ihn darum bitte. Aber warum sollte ich mir wünschen, dass noch jemand im Zimmer ist, wenn ich Gott mein Herz ausschütte? Das Gebet ist etwas so Persönliches zwischen Gott und mir, und die Zeit mit ihm alleine ist für mich sehr wertvoll." Ehrlich gesagt hat Saras Erwiderung mir eine kleine Vorstellung von der Tiefe und Intensität ihres Gebetslebens gegeben. Und es hat mich daran erinnert, dass das Gebet – wie die Anbetung – oft alleine geschieht. Schließlich ist es einfacher, aus tiefstem Herzen mit Gott zu reden, wenn man alleine ist.

Saras Antwort ist eigentlich ungewöhnlich. Die meisten Frauen beklagen sich darüber, dass sie im Gebet alleine sind, anstatt diese Einsamkeit zu genießen. Viele Frauen – auch einige Ehefrauen von Gemeindemitarbeitern – haben mir erzählt, wie mühsam es ist, ihre Männer dazu zu bringen, mit ihnen zu beten. Die Männer beten wohl lieber alleine. Das trifft auch auf meinen Mann zu, der jahrelang seine stille Zeit frühmorgens hielt, wenn ich noch schlief. Ich hatte meine Zeit mit Gott alleine, wenn er aus dem Haus war. Wir beteten beide, hatten aber Schwierigkeiten, eine Zeit zu finden, in der wir es gemeinsam tun konnten – zu zweit. Auch heute noch ist es eine Herausforderung, gelegentlich Zeit zum gemeinsamen Gebet zu finden. Daher bete ich meistens alleine.

Mehrere Jahre lang hat mich das gestört. Und ich kann mir vorstellen, dass einige Frauen, die das lesen, überrascht sind, dass mein Mann und ich nicht jeden Tag zu einer festen Zeit miteinander beten. Wie können wir für die Aufgaben in Gottes Reich bereit sein, wenn wir im Gebet keine Einheit sind? Und doch gelingt es Gott in seiner Gnade, Hugh und mich zu einer Einheit zu machen, indem er an jedem von uns wirkt. Wir haben unzählige Male erlebt, dass wir geistlich an einem Strang ziehen, weil Gott an jedem von uns persönlich gearbeitet hat und nicht weil wir gehört haben, wie der andere für bestimmte Dinge betet.

Bitte verstehen Sie mich nicht falsch. Ich hätte sehr gerne die Möglichkeit, jeden Tag – oder auch nur einmal pro Woche! – mit meinem Mann zu beten. Jetzt, wo unsere Tochter erwachsen ist und wir einen anderen Lebensabschnitt begonnen haben, ist es viel leichter. Aber Gott zeigt mir, dass es für mich immer vorrangig sein soll, alleine zu ihm zu kommen, egal, was geschieht und wer da ist. Und wenn die Zeit kommt, in der mein Mann und ich jeden Tag zu einer festen Zeit miteinander beten können – dann wird das die Krönung sein!

Möchten Sie sich jetzt nicht besser nur auf Gott konzentrieren, anstatt darauf, ob Ihr Mann oder jemand anderes mit Ihnen betet oder nicht?

Anbetung

Kurz bevor ich begann, dieses Buch zu schreiben, habe ich mich näher mit dem Leben von Abraham beschäftigt, der auch „ein Freund Gottes“ genannt wird. Ich las, dass „Abraham ein einzigartiger Anbeter war und dass sein Leben davon zeugt.“[30] Daraufhin stellte ich mir unwillkürlich die Frage: „Bin ich eine einzigartige Anbeterin? Ist das in meinem Leben sichtbar?“

Ich habe immer gedacht, dass Anbetung etwas ist, das in der Kirche passiert, wenn Musik gespielt wird. Aber Anbetung wird definiert als „bewusste, ruhige, konzentrierte Zeit mit Gott … Bei der Anbetung steht Gott im Mittelpunkt … Sie ist ganz auf Gott ausgerichtet."[31] Obwohl es romantischer und vielleicht auch geistlicher scheinen mag, Gott als Ehepaar „gemeinsam anzubeten", ist wahre Anbetung nur das: wenn ich in meinen Gedanken und in meinem Herzen nur einer einzigen Person Raum gebe: Jesus. Wenn ich im gemeindlichen Bereich sehr viel Arbeit habe, bekomme ich diese bewusste, konzentrierte Zeit nicht einmal am Sonntagmorgen im Gottesdienst! Für mich geschieht Anbetung jedes Mal, wenn ich alleine mit Gott weggehe – entweder tatsächlich oder nur im Geist – und wenn ich mich auf ihn und nur auf ihn konzentriere. Diese Definition (und die Aussage über Abraham) haben in mir den Wunsch geweckt, mehr über wahre Anbetung zu erfahren. Deshalb begab ich mich zum Zentrum der Anbetung der Bibel – den Psalmen – und betrachtete einige Beispiele für Lobpreis und Anbetung.

Anbetung ist etwas Persönliches

Beim Durchblättern des „Gesangbuchs" der Bibel ist mir etwas besonders aufgefallen: von den 150 Lobliedern berichten 90 von einer persönlichen Erfahrung mit Gott. Etwa 25 Prozent der Lieder befassen sich mit gemeinsamer Anbetung und benutzen Wörter wie „uns" und „wir". Das scheint darauf hinzuweisen, dass ein Großteil der Anbetung in einer persönlichen Begegnung mit Gott stattfindet. Natürlich heißt das nicht, dass gemeinsame Anbetung mit anderen Gläubigen nicht wichtig wäre (Hebräer 10,25), aber wir können als Christen nicht nur vom Gottesdienst in der Kirche leben. Anbetung muss im persönlichen Leben geschehen, und das erfolgt meistens, wenn wir alleine sind. Ein Großteil der Anbetung findet alleine statt.

Psalm 18 ist ein Beispiel dafür, wie ein Mensch in Zeiten der Einsamkeit Gott angebetet hat. David sang:

Ich liebe dich, Herr, durch dich bin ich stark! Der Herr ist mein Fels, meine Burg und mein Retter; mein Gott ist meine Zuflucht, bei dem ich Schutz suche. Er ist mein Schild, die Stärke meines Heils und meine Festung (Verse 2-3).

Achten Sie darauf, wie persönlich dieses Lied ist. David spricht Gott ganz direkt an und nennt ihn „mein Fels, meine Burg, mein Retter, mein Gott, meine Zuflucht, mein Schild, mein Heil und meine Festung".

Wenn wir an anderen Stellen der Bibel über Davids Leben lesen, erkennen wir, wie er aus erster Hand den Herrn als seinen Fels, seine Burg, seinen Retter, sein Schild, sein Heil und seine Festung erfahren hat. Die persönliche Erfahrung mit Gott macht David fähig, Gott anzubeten. David kann Gott alleine anbeten ... weil er Gott alleine begegnet ist.

In den Versen 4-7 dieses Liedes erinnert David daran, wie er Gott anrief und der Herr seine Stimme hörte. In den Versen 8-16 beschreibt er, wie eindrucksvoll Gott handelt, um den Menschen zu retten, der ihn angerufen hat. Und in den Versen 17-20 schildert David, wie Gott ihn liebevoll aus seinen Nöten rettete:

Er streckte seine Hand aus vom Himmel und rettete mich; er zog mich aus tiefem Wasser herauf. Er befreite mich von meinen mächtigen Feinden, von denen, die mich hassten und zu stark für mich waren. Sie fielen über mich her, als ich am schwächsten war, doch der Herr gab mir Halt. Er brachte mich an einen sicheren Ort und rettete mich, weil er Freude an mir hatte.

Die Erfahrungen, die David mit Gott gemacht hat, sind untrennbar damit verbunden, dass er Gott angebetet hat. So sollte es auch in unserem Leben sein.

Anbetung ist leidenschaftlich

Da Davids persönliche Erfahrungen mit Gott so intensiv waren, kamen Anbetung und Lobpreis aus der Tiefe seines Herzens. Daher war es für David ganz natürlich, sich regelrecht danach zu sehnen, den Gott anzubeten, der sich selbst in Davids Leben wirklich als Gott erwiesen hatte. Seine Leidenschaft für Gott spiegelt sich in seinem Lobpreis. In Psalm 27,4 drückt David es so aus: „Eine einzige Bitte habe ich an den Herrn. Ich sehne mich danach, solange ich lebe, im Haus des Herrn zu sein, um seine Freundlichkeit zu sehen und in seinem Tempel still zu werden." Damit sagt David, dass er sich nichts mehr wünscht als eine enge, persönliche Beziehung zu Gott. Er wünscht sich nichts mehr, als Gott von Angesicht zu Angesicht anzubeten. Haben Sie das bewusst gelesen? Das ist sein höchster Wunsch! Zur Anbetung braucht er niemanden an seiner Seite (nicht Michal, seine erste Frau, nicht Abigail, seine zweite Frau, nicht seine Kinder, nicht seine besten Freunde und nicht seine Diener oder Berater). Er braucht dazu auch keine äußeren Bedingungen, wie etwa die richtige Musik oder die rechte Stimmung. Er will nur in Gottes Gegenwart stehen und ihn anbeten. Mit anderen Worten: Es ist genug, wenn nur er und Gott zusammen sind. Wenn wir das doch auch von uns behaupten könnten!

Wenn wir uns nach Gott mehr als nach allem anderen sehnen, können wir nicht anders, als ihn anzubeten. Und wenn wir ihn anbeten, können wir nicht anders, als uns nach ihm zu sehnen. Die Leidenschaft für Gott und Anbetung sind nicht voneinander zu trennen.

Anbetung als Vorbereitung zum Hören auf Gott

Wenn wir zur Ruhe kommen und uns auf Gott konzentrieren, können wir besser entdecken, wer er ist, weil er sich uns in der Anbetung zeigt. Interessant ist, dass viele Psalmen mit der Beschreibung von Nöten beginnen. Doch dann richtet der Psalmist seinen Blick auf Gott, erhält eine neue Sichtweise und beendet sein Lied mit Dank. Man hat den Eindruck, dass die Psalmisten während des Singens für Gott eine innere Veränderung erleben. Wenn man Gott ohne die Ablenkung anderer anbetet, geschieht manchmal etwas Unglaubliches: Er zeigt dann oft, wer er ist und was er mit unserem Leben tun will.

Vor einigen Jahren machte ich diese Erfahrung. Als ich Gott bat, mir seine Pläne für mein Leben klarzumachen, hatte ich den Eindruck, dass Gott mich aufforderte, alleine und an einem einsamen Ort längere Zeit seine Nähe zu suchen. Mein Mann war gerade im Ausland und würde wohl kaum anrufen und meine Tochter war für die nächsten Stunden in der Schule – deshalb kam ich der Aufforderung nach. Eigentlich hatte ich keine Zeit, mit Gott lange alleine zu sein. Ich musste noch mehrere Kapitel für dieses Buch schreiben und der Abgabetermin rückte näher. Ich musste noch ein Dutzend Telefongespräche führen und Briefe für die Frauenarbeit meiner Kirchengemeinde schreiben. Doch Gott rief: „Komm zu mir." Also fuhr ich zu dem nächsten einsamen Ort, den ich finden konnte: einem See am Fuß eines Berges namens Double Peak (in San Marcos, Kalifornien). Als ich zu Fuß den etwa fünf Kilometer langen Aufstieg begann, war ich fest entschlossen, mich während dieser Zeit auf Gott zu konzentrieren – und nicht auf all den „Lärm" in meinem Kopf. Ich betrachtete alles, was er in meiner Umgebung geschaffen hatte, schloss die Augen, hörte die Vögel singen und erinnerte mich daran, dass er in der Bibel versprochen hatte, für mich zu sorgen.[32] Ich lobte ihn für das, was er ist.

Beim Aufstieg bemerkte ich, wie viel höher dieser Berg war und wie viel länger der Fußmarsch dauerte als die Wanderung auf den Hügel hinter meinem ehemaligen Wohnort in Sun City, Kalifornien, den ich immer bestiegen hatte, wenn ich alleine mit Gott sein wollte. Dann erkannte ich, warum Gott mich auf diesen Berg rufen wollte. Als ich vor neun Monaten aus einer Hochwüsten-Landschaft nach San Marcos zog, war ich traurig, dass es keine Berge in der Nähe meiner neuen Wohnung gab. Bei dieser Wanderung verstand ich, dass Gott mir nicht nur einen anderen Berg geschenkt hatte, den ich besteigen konnte, sondern einen höheren, dessen Besteigung viel mehr Ausdauer erforderte. Als ich oben ankam, begriff ich, dass er mir einen Berg geschenkt hatte, von dem aus ich viel mehr sehen konnte als von dem Berg bei meiner früheren Wohnung. Mehrere Monate lang hatte ich dafür gebetet, dass Gott mein Gebiet für meinen Dienst vergrößert, und als ich oben auf dem Double Peak angekommen war, konnte ich sehen, dass Gott mein Gebet erhört hatte. Gott hatte meine Sicht erweitert und mein Einflussgebiet vergrößert. Ich habe von ihm eine größere Herausforderung und einen anstrengenderen Aufstieg erhalten, aber auch die größere Belohnung, die sie mit sich brachten. Ich stand auf der Bergspitze in dem kühlen Wind, der mich umwehte, und war verblüfft über die Liebe, die mich hierher gebracht hatte, um mir zu zeigen, wer er ist und was er in meinem Leben tut.

Manchmal offenbart uns Gott sich selbst und seine Pläne, wenn wir ihn in der Einsamkeit anbeten. Wäre ich an jenem Tag mit einem anderen Menschen auf diesen Berg gestiegen, hätten wir vermutlich den ganzen Tag gesprochen – vielleicht über das, was Gott in unserem Leben tut. Aber ich hätte wahrscheinlich nichts von Gott selbst gehört. Deshalb können Zeiten der Anbetung in der Einsamkeit so fruchtbar sein.

Anbetung mit anderen

Es ist wichtig, Gottes Angesicht ohne die Ablenkung anderer zu suchen. Doch das bedeutet keinesfalls, dass wir ohne andere Menschen Gott anbeten und eine Beziehung zu ihm aufrechterhalten können. In der Bibel lesen wir immer wieder von Menschen, die sich treffen, um gemeinsam zu beten und Gott mit Liedern anzubeten. In der Offenbarung steht, dass wir eines Tages mit allen Heiligen, die jemals lebten, um den Thron Gottes stehen und ihn gemeinsam anbeten werden. Und ich habe ja bereits erwähnt, dass wir in der Bibel aufgefordert werden, die Gelegenheiten nicht zu verpassen, bei denen wir mit anderen zusammen Gott anbeten können (Hebräer 10,25).

Viele von uns lernen beten, wenn sie andere beten hören. Anbetung lernt man meistens, wenn man andere Menschen bei der Anbetung beobachtet und mit ihnen gemeinsam Gott anbetet. Bei der Anbetung dürfen wir aber nicht von der Gegenwart anderer abhängig werden. Wir wollen in der Lage sein, Gott alleine genauso uneingeschränkt anzubeten wie mit anderen Christen zusammen.

Abhängigkeit von Gott, nicht von anderen

Meine Freundin Tammy erinnert sich an eine Zeit in ihrem Leben (während ihrer ersten Ehe und darauffolgenden Beziehungen), in der sie am geistlichen Rockzipfel des jeweiligen Mannes in ihrem Leben hing. Wenn er wollte, dass sie und die Kinder in eine bestimmte Kirche und keine andere gingen, geschah es so. Wenn er an einem Sonntag ausschlafen und nicht zum Gottesdienst gehen wollte, blieb die ganze Familie zu Hause. Wenn er sich überhaupt nicht für Gott interessierte, dann folgte sie seinem Beispiel. Allerdings war sie in diesen Beziehungen unglücklich.

„Jetzt verstehe ich, dass meine Schwierigkeiten früher daher kamen, dass ich in geistlichen Dingen die Trittbrettfahrerin meines Mannes war", gestand Tammy.

Inzwischen lebt Tammy in zweiter Ehe und hat verstanden, dass es im Glaubensleben um ihre persönliche Beziehung zu Gott geht und nicht um ihre Beziehung zu einem Mann. Mit dieser neuen Einstellung hat sich ihr ganzes Leben verändert. Diese Frau, die geistlich nie die Initiative ergriff, gehört jetzt zu den aktivsten Frauen, die ich kenne, wenn es um die Pflege ihrer Beziehung zu Gott geht. Sie besucht mehr Bibelstunden als jede andere Frau aus meinem Bekanntenkreis, sie arbeitet in der Mütterarbeit und Kinderbetreuung ihrer Kirche mit, sie ist ein Glaubensvorbild für jüngere Frauen und erzieht ihre eigenen Kinder bewusst nach christlichen Werten.

An jedem Sonntag sitzt Tammy alleine im Gottesdienst. Nicht weil ihr Mann zu Hause geblieben ist, sondern weil er im Lobpreis-Team Keyboard spielt. Früher war Tammy einsam im Gottesdienst und in der Anbetung, weil sie niemanden hatte, der sie geistlich ermutigte. Jetzt sitzt sie alleine im Gottesdienst, weil es die Aufgabe ihres Mannes erforderlich macht. Bei alledem hat sie gelernt, dass Anbetung nicht dann stattfindet, wenn ihr Mann neben ihr sitzt und mit ihr singt; und auch nicht, wenn die ganze Familie friedlich versammelt ist; und genauso wenig, wenn äußerlich in ihrem Leben alles glattläuft; oder wenn sie die Lieder kennt; sondern dann, wenn sie in Gottes Gegenwart steht und ihm von Angesicht zu Angesicht begegnet – nur Tammy und Gott. Das ist dann echt – und etwas ganz Persönliches. Und ich glaube, Tammy würde Ihnen sagen, dass es etwas sehr Wertvolles ist.

Wie steht es mit Ihnen? Empfinden auch Sie die Einsamkeit in der Anbetung als etwas Wertvolles? Können Sie von persönlichen Erfahrungen berichten, die Sie mit einem mächtigen und geduldigen, einem donnernden und gleichzeitig sanften, allwissenden und vergebenden Gott gemacht haben, und dann Ihr Herz bei nächster Gelegenheit voll Dank und Bewunderung vor ihm ausschütten? Manchmal kann ich Gott loben und anbeten, ohne an die persönlichen Erfahrungen mit ihm in der Vergangenheit zu denken. Der Lobpreis sprudelt dann nur so aus mir heraus, wenn ich mich auf ihn konzentriere.

Anbetung als Lebensweise

Die bedeutendsten meiner Anbetungszeiten (Zeiten, in denen ich mich selbst vergessen und mich nur auf Gott konzentriert habe) waren manchmal ganz einfach. Ich habe dann ein altes Gesangbuch aus dem Regal meines Arbeitszimmers genommen, ein Loblied aufgeschlagen und es gesungen. Zu anderen Zeiten habe ich nur im Stillen darüber nachgedacht, wer er ist: Schöpfer, Erhalter, Heiliger, Erlöser der Menschen, Herr des Universums.

Aber manchmal müssen wir bei der Anbetung kreativ werden. Ich stelle fest, dass meine Seele verhungert, wenn ich versuche, die ganze Woche lang von den zwanzig Minuten Anbetung im Sonntagsgottesdienst zu leben. Jedem geht es so, wenn er sich nur während dieser Zeit bewusst auf Gott konzentriert und ihm Lob singt. Deshalb versuche ich, mir jeden Tag kurze Zeitabschnitte freizuhalten, in denen ich Gott ehren und in meiner Fähigkeit zur Anbetung Gottes wachsen will. (Ich sage „Fähigkeit", weil in meinem Leben die Anbetung Gottes nicht natürlich, von sich aus entsteht. Es ist natürlich, sich selbst oder Menschen oder Dinge zu verehren. Deshalb muss ich mir eine Zeit reservieren, in der ich lerne, das zu tun, was Gott von mir will, und in der Zeit für das ist, was ich jetzt für ihn tun will.) Mir ist klar geworden, dass es unerlässlich ist, Zeit für die Anbetung einzuplanen, wenn ich wie Abraham eine einzigartige Anbeterin sein will.

Die Bibel lässt uns nicht im Unklaren darüber, wie wir den Herrn anbeten sollen. Sie gibt uns verständliche Richtlinien für die Anbetung Gottes, und wir können diese in unseren Zeiten mit Gott berücksichtigen:

1. *Ihn demütig anbeten.* In Psalm 95,6 steht: „Kommt, lasst uns anbeten und uns vor ihm verbeugen." Jedes Mal, wenn die Bibel berichtet, dass ein Mensch Gott begegnet, liegt der Mensch auf den Knien. Er beugt sich, schaut nach unten in Demut, Furcht und Ehrfurcht. Wenn wir uns demütigen, bedeutet das, dass wir uns vergessen und uns ganz auf ihn konzentrieren. An jenem Tag auf dem Gipfel des Double Peak hatte ich das dringende Bedürfnis, Loblieder laut zu singen. Ich wusste nicht, ob jemand um die Ecke biegen und mich hören könnte … das wäre peinlich gewesen! Doch dann dachte

ich mir: „Bei der Anbetung geht es um ihn, nicht um mich oder wie mein Singen für jemanden klingt oder wie ich aussehe." Also sang ich – vor den Felsen und Bäumen und der weiten Landschaft unter mir.

Wir können in Demut anbeten, wenn wir unseren Kopf senken, wenn wir niederknien, uns vor Gottes Thron beugen. Wenn ich in meiner stillen Zeit bei Gebet und Anbetung niederknie, geschieht etwas in mir: Ich erkenne, dass ich nichts bin und dass er alles ist. Das ist der erste Schritt zur Anerkennung seines Wertes – und zur Anbetung.

2. *Ihn voll Freude anbeten.* Psalm 100,2 fordert uns auf, Gott „voll Freude" anzubeten und ihn mit Liedern zu loben – mit Liedern, die aus uns hervorsprudeln, weil wir Gott lieben. Ich singe am besten, wenn ich alleine bin, wenn nur Gottes Ohren mich hören. Wie ist das bei Ihnen? Können Sie für Gott singen, wenn Sie alleine sind, um Gott ihre Freude zu zeigen? Können Sie sich einfach darüber freuen, dass er Gott ist und dass Sie das große Vorrecht haben, ihn zu kennen?

3. *Ihn von Herzen anbeten.* Vor Kurzem war ich als Rednerin bei einer großen Konferenz, in der die Frauen aufgefordert wurden, vor meinem Vortrag das Lied „Ich liebe dich, Herr" zu singen. Das Lied spricht davon, dass wir unsere Stimmen zur Anbetung Gottes erheben, wenn unsere Seele jubelt. Nach dem ersten Vers des Liedes betrachtete ich die Frauen, die sangen. Ich wollte darüber sprechen, dass wir das Licht des Herrn in unserem Leben widerspiegeln und dass seine Freude auf unserem Gesicht strahlt. Deshalb wollte ich die Gesichter der Frauen beim Singen sehen. Diese Frauen kannten das Lied so gut, dass sie nicht auf den Text schauen mussten, doch es fiel mir schwer zu sagen, wo ihre Herzen beim Singen waren. Viele schauten sich um, kramten in ihrer Tasche oder schauten geradeaus auf die Vorsängerinnen. Von ihren Gesichtern konnte ich nicht able-

sen, ob sie Gott liebten oder sich freuten. Das erinnerte mich an die Zeiten, in denen ich vor Gott gesungen, ihn aber nicht mit ganzem Herzen wirklich angebetet hatte.

In Matthäus 15,8-9 sagt Jesus, was er von denen hält, die ihn anbeten, ohne dass ihr Herz bei der Sache ist. Er warnte vor den Menschen, „die mich mit ihren Worten, aber nicht mit ihrem Herzen [ehren]“ und betonte: „Ihre Anbetung ist nutzlos.“

Ehrlich gesagt gab es auch in meinem Leben Phasen, in denen meine Anbetung nutzlos war, weil ich an jemanden oder etwas anderes dachte.

Bei der Anbetung fordert Gott unser ganzes Herz, unsere ungeteilte Konzentration. Ist Anbetung demnach nicht dann am besten möglich, wenn wir alleine sind? Nicht unbedingt. Es ist möglich, mit anderen Frauen am Tisch oder neben einem Mann zu sitzen oder ein Kind auf dem Schoß zu haben und trotzdem alleine in die Gegenwart Gottes zu treten. Es hängt alles davon ab, wen wir in unsere Gedanken lassen … einen Menschen oder Gott alleine.

Gemeinschaft mit Gott

Gottes Möglichkeiten, zu uns zu sprechen, uns zu helfen und zu versorgen, sind unbegrenzt. Genauso unbegrenzt ist seine Fähigkeit, sich auf die unterschiedlichsten Arten unserer Anbetung einzustellen. Lassen Sie also Ihrer Kreativität freien Lauf! Machen Sie einen Anbetungsspaziergang und loben Sie Gott beim Gehen. Steigen Sie auf einen Berg und sprechen Sie beim Aufstieg mit ihm. Setzen Sie sich in Ihr Wohnzimmer und hören Sie Anbetungsmusik. Nehmen Sie Ihre Bibel und lesen Sie laut die Namen Gottes. Setzen Sie sich auf Ihre Terrasse, in Ihren Garten oder auf eine Parkbank und atmen Sie die Schönheit seiner Schöpfung ein und lassen Sie alle Ihre Sinne darauf antworten. Konzentrieren Sie sich auf ihn und seine Größe … das ist Anbetung.

Mir gefällt das, was Jesus einer Gruppe geistlicher Würdenträger entgegnete, die sich über den Lärmpegel beschwerten, als die Menschen ihn lobten: „Würden sie schweigen, dann würden die Steine schreien“ (Lukas 19,40). Ich glaube, Jesus wollte damit ausdrücken, dass es die Bestimmung der ganzen Schöpfung ist, ihn zu loben. Wenn also alles, was er geschaffen hat, einen Grund hat, ihn zu loben, müssen wir, die wir Stimmen haben, den Anfang machen! Loben Sie ihn jedes Mal, wenn Sie alleine sind. Loben Sie ihn, wenn Sie auf einen Bus warten. Beten Sie ihn an, wenn Sie im Auto warten, um ein Kind abzuholen. Singen Sie ein Loblied, wenn Sie Auto fahren und etwas hören, das Sie an Gott erinnert. Wenn Sie am Strand spazieren gehen oder bei der Post Schlange stehen, schließen Sie die Augen und denken Sie an den einen, dem Lob und Ehre gebührt. Es ist nicht wichtig, was die anderen denken. Anbetung geschieht zwischen Ihnen und Gott.

Es gibt Zeiten in meinem Leben, in denen ich das Bedürfnis habe, mit Gott „wegzugehen“. Ich glaube, dass Gott mich auffordert, alleine länger die Stille mit ihm zu suchen: „Cindi, es wird wieder Zeit. Komm zu mir, damit wir eine Zeit lang beisammen sein können.“ Ich finde es erstaunlich, dass Gott, der das ganze Universum in der Hand hält, mit mir alleine sein möchte. Wenn er ruft, gehe ich deshalb und bin dankbar, dass er gemerkt hat, wie viel Zeit vergangen ist und dass ich das Zusammensein mit ihm wieder brauche.

Hat Gott Sie gerufen? Oder waren Sie so mit Menschen beschäftigt – oder der Tatsache, dass Ihnen Menschen fehlen –, die mit Ihnen anbeten, dass Sie seinen Ruf nicht gehört haben? Warten Sie auf seine sanfte Aufforderung, mit ihm in die Stille zu gehen, oder wenden Sie sich jetzt, in diesem Augenblick, an ihn und sagen: „Gott, ich bin alleine hier, aber ich weiß, dass du mich da haben willst, damit du mir ganz nahe sein kannst. Nimm meine Anbetung an. Ich bete dich an, Herr Jesus, denn du bist der, der Anbetung verdient.“

„Heilig, heilig, heilig ist der Herr, Gott, der Allmächtige, der immer war, der ist und der noch kommen wird“ (Offenbarung 4,8). Das ist das Lied, das wir einmal singen werden, wenn wir im Himmel vor dem Thron von Jesus stehen. Wollen Sie nicht jetzt schon damit anfangen zu üben, damit Sie diese Worte eines Tages voller Begeisterung aussprechen können?

Neuausrichtung der Prioritäten

Als ich nicht mehr in erster Linie darauf achtete, wer neben mir sitzt, sondern auf den, der über mir ist, wurde meine Anbetung viel befriedigender, bis seine Gegenwart schließlich alles war, wonach ich mich sehnte. Solange ich mich nach oben ausrichte, fühle ich mich im Gottesdienst und bei der Anbetung nicht einsam.

Fühlen Sie sich einsam, wenn Sie Gott anbeten? Dann macht Ihnen wahrscheinlich Folgendes Mut: Anbetung ist nur alleine möglich! Wenn Sie durch nichts abgelenkt werden und die anderen Menschen Ihres Lebens an Bedeutung verloren haben, ist es viel leichter, Gott wahrzunehmen. Sie können Gott anbeten, wenn Sie alleine in der Kirche, alleine zu Hause, alleine in Ihrem Auto oder alleine in Ihrem Bett sind. Wenn Sie Gott anbeten, kommt Freude in Ihr Herz, einfach durch das Wissen, dass Sie nicht alleine sind. Sie sind in der Gegenwart des allmächtigen Gottes … und er wartet nur auf eine Gelegenheit, um mit Ihnen alleine zu sein.

Zum Weiterdenken:

- *Machen Sie es fest: Verbringen Sie in Kürze Zeit mit Gott alleine. Wenn Sie nicht wissen, wie Sie diese Zeit gestalten können, kommen hier ein paar Anregungen: Hören Sie bewusst Anbetungsmusik und lassen Sie sich von ihr in Gottes Gegenwart mitnehmen. Lesen Sie einen Psalm laut (vielleicht Psalm 8, 29, 46 oder 150?). Machen Sie einen*

Gebetsspaziergang. Schreiben Sie Gott einen Brief. Lassen Sie Ihrer Kreativität freien Lauf, dann fällt Ihnen bestimmt noch mehr ein.

- *Antworten Sie auf das, was Sie in den folgenden Bibelversen lesen, indem Sie jeweils einen Satz aufschreiben, der Gottes Wesen und das, was er für Sie getan hat, beschreibt: Hiob 42,2; Psalm 13,5-6; Psalm 73, 25-26; Psalm 100,5; Epheser 3,20-21.*

Kapitel 7

Einsam im Leid: die eigene Herrlichkeitsgeschichte entdecken

ERIN hatte den Eindruck, dass ihr Leben zusammenbricht.

„Ich kann es einfach nicht verstehen", erzählte sie mir. „In den letzten zehn Jahren ... oder eigentlich in meinem ganzen Leben kam ein Tiefschlag nach dem anderen." Obwohl äußerlich gesehen Erin alles hatte – Erfolg im Beruf, viele Freunde, eine hohe Selbstachtung – berichtete sie mir von dem Leid in ihrer Kindheit, von mehreren zerbrochenen Beziehungen in den vergangenen Jahren, von ihrem Nierenleiden, immer neuen Krankheiten, von einem Krankenhausaufenthalt nach einem Nervenzusammenbruch, vom Rückgang ihres Geschäftes, von der Zwangsräumung ihres Hauses, der Auflösung ihrer Verlobung und jetzt von der Diagnose Krebs.

„Jedes Mal, wenn ich umgeworfen werde, stehe ich auf, klopfe den Staub von den Kleidern ab und mache weiter. Ich bete fortwährend und bitte Gott, mir zu zeigen, was ich durch das alles lernen soll. Und dann kommt immer wieder etwas Neues. Was ist los mit mir? Tue ich etwas Unrechtes?", fragte sie und Tränen stiegen ihr in die Augen. „Wann ist es genug?"

Ich saß Erin am Tisch gegenüber und wusste nicht, was ich sagen sollte. Die Worte der Weisheit, auf die ich hoffte, kamen nicht. Die Bibelverse, die ich für solche Situationen parat hatte, schienen abgedroschen und klangen wie leere Worthülsen. Erin war zerbrochen, und ich konnte nichts tun, um sie aufzurichten.

Als ich beobachtete, wie die Tränen langsam über ihre Wangen rollten, dachte ich, wie hilflos sie aussah und wie ihr das gar nicht ähnlich sah. Diese selbstbewusste, willensstarke, entschlossene und sehr zuversichtliche Frau war letztendlich zerbrochen. Könnte es sein, dass sie jetzt so weit war, dass Gott sie von Grund auf neu machen konnte? Zu einer Frau, die auf ihn vertraut, sich auf ihn ausrichtet und ihre Hoffnung auf ihn setzt – statt auch auf ihre eigene Kraft? Ich brachte leise einen Satz hervor, als ich meinen Arm über den Tisch streckte und Erins Hand drückte: „Das klingt, als würde Gott eine Herrlichkeitsgeschichte schreiben."

Als ich schweigend nach Hause fuhr, dachte ich über die Geschichten nach, die Gott auf der Leinwand unseres Lebens zu seiner Ehre schreibt. Ich dachte an die Rückseite des Teppichs, wo alle Knoten und Unvollkommenheiten zu sehen sind, damit die Vorderseite vollkommen und vor verschwenderischer Schönheit strahlen kann. Ich dachte an Gott, der Lektionen und Offenbarungen seiner Liebe in die Schwierigkeiten hineinwebt, die auf uns einstürzen. Und wenn wir fest entschlossen sind, dafür zu sorgen, dass er die Ehre für alles bekommt, was uns begegnet, dann ist nichts, was wir durchmachen, umsonst.

Erins Geschichte war noch nicht zu Ende. Sie begann gerade erst. Ein paar Wochen später, als ich mit ihr telefonierte, klang sie schon viel optimistischer: „Ich glaube, ich weiß jetzt, warum mir das alles passiert. Ich kenne Gott eigentlich gar nicht. Die ganze Zeit habe ich zu ihm gebetet und ihm gedient, aber ich habe sein Wesen und wie er wirklich ist, gar nicht gekannt. Jetzt, durch die Chemotherapie, wo ich ihn jeden Tag um Hilfe angefleht und in seinem Wort nach Antworten gesucht habe, lerne ich ihn endlich kennen. Ich glaube, zum ersten Mal in meinem Leben erlebe ich ihn wirklich." Erin ist sich vielleicht dessen nicht bewusst, aber am Telefon hat sie bereits Gottes Herrlichkeitsgeschichte in ihrem Leben erzählt.

Wenige Monate nach diesem Gespräch kam Erin mit einem Verleger in Kontakt, der ihr half, ihr erstes Buch zu schreiben und zu veröffentlichen. Ein Jahr danach fand und heiratete sie die Liebe ihres Lebens. Dann erhielt sie einen angesehenen Titel in ihrer Gemeinde für ihre Freiwilligenarbeit im Kampf gegen Brustkrebs. Wenige Monate später sprach sie in meiner Kirchengemeinde darüber, was Gott in ihrem Leben für sie getan hatte, und gab ihm die Ehre dafür.

Seit dem ersten Gespräch mit Erin und allem, was dann geschah, habe ich jedes Mal an Gottes Herrlichkeitsgeschichte denken müssen, wenn ich mit Frauen sprach, die von ihren vielschichtigen Leiderfahrungen berichteten. Bei all diesen Geschichten bin ich davon überzeugt, dass Gott weiß, was er tut, auch wenn es manchmal so aussieht, als würde das Leben außer Kontrolle geraten. Er webt ein Versprechen und eine Offenbarung über sich selbst hinein ... Er schreibt seine Herrlichkeitsgeschichte.

Hiobs Herrlichkeitsgeschichte

In der Bibel hat Gott einen Mann ausgewählt, dem er sich offenbaren wollte; einen Mann, dem er eine Herrlichkeitsgeschichte anvertrauen konnte. Dieser Mann hieß Hiob.

Gott hielt Hiob für den rechtschaffensten und vorbildlichsten Menschen auf der Erde; einen Mann, der es bestimmt nicht verdient hat, Schwierigkeiten zu bekommen. Doch was in Hiobs Leben geschah, war nicht Hiobs Schuld. Gott wollte Satan beweisen, dass es zumindest einen Menschen auf der Erde gab, dessen Glaube und Liebe zu Gott jeder Prüfung standhielten. Und so begann die Prüfung. Und wie meistens, wenn im Leben etwas schief läuft, hatte Hiob keine Ahnung davon, was los ist.

Bis zu jenem Tag war Hiob von Gott gesegnet worden: Er hatte Familie, Grundbesitz, Reichtum, Ansehen. Er hatte alles, was man sich wünschen konnte. Doch eines Tages, innerhalb weniger Stunden, war es Satan erlaubt, ihm alles wegzunehmen. Er fügte Hiob körperliche Schmerzen zu und bedeckte seinen ganzen Körper mit Geschwüren. Hiob fühlte sich elend! Und die ganze Zeit wusste er nicht, womit er das verdient hatte. Hiobs Freunde versuchten, ihm Ratschläge zu geben und ihm zu erklären, dass verborgene Sünden die Ursache seines Leidens waren. Sie gaben Hiob die Schuld für sein Leid, doch das half ihm nicht weiter. Auch Hiobs Frau war keine Hilfe.

Schließlich schrie Hiob zu Gott und stellte die Frage, die wir alle stellen, wenn Probleme über uns hereinbrechen. „Warum?" Doch Gott schwieg. Dann, gegen Ende der Geschichte, brach Gott das Schweigen. Doch er beantwortete Hiobs Frage nicht. Stattdessen erinnerte er Hiob daran – und diese Erinnerung ist vier Kapitel lang – dass er der Schöpfer und Erhalter des Lebens ist und dass er weiß, was er tut. Mit anderen Worten sagte Gott zu Hiob: „Ich bin Gott und nicht du!"

Hiob konnte nur noch demütig schweigen. Er war dem lebendigen Gott persönlich begegnet, und die Antworten auf seine Fragen spielten keine Rolle mehr. Als Hiob schließlich wieder den Mund öffnete, erkannte er Gottes Größe an. Zum Schluss sagte er etwas sehr Tiefsinniges, das das Wirken Gottes in seinem Leben zusammenfasst: „Bisher kannte ich dich nur vom Hörensagen, doch jetzt habe ich dich mit eigenen Augen gesehen" (Hiob 42,5).

In seinem Elend war Hiob durch die Hölle gegangen, doch er hatte dabei Gott gesehen. Er hatte etwas von seinem Tun erkannt, die Tiefe seines Wesens verstanden und mehr Ehrfurcht vor seiner Kraft und Macht bekommen.

Für mich ist das verblüffend! Gott ist so mächtig und ihm gebührt so viel Ehre, dass er Hiob benutzte, um Satan seine Kraft und Macht zu zeigen. Und gleichzeitig ist er so liebevoll, dass er Hiob eine andere Seite seines Wesens zeigen wollte, damit Hiob nicht nur ein Mensch ist, der etwas über Gott gehört hat, sondern zu einem Mann wird, der Gott erlebt hat.

Auch heute noch wirkt Gott genauso mit Ihnen und mit mir. Er ist Gott und ihm gebührt die Ehre. Deshalb kann er jeden von uns gebrauchen, um einem anderen seine Kraft und Macht zu beweisen. Doch er ist so liebevoll und wünscht sich sehnlichst eine Beziehung zu uns, dass er uns auch eine andere Seite seines Wesens zeigen will, damit wir keine Frauen sind, die nur „an Gott glauben“ oder „von Gott gehört haben“, sondern Frauen werden, die ihn erlebt haben.

Olivias Leidensweg

Olivia erlebte Gott, als sie mit ihrem Leid alleine zurechtkommen musste. Und heute sagt sie wie einst Hiob: „Ich hatte von Gott gehört, an ihn geglaubt und zu ihm gebetet. Doch jetzt kenne ich ihn wirklich, weil ich ihm persönlich begegnet bin.“ Olivia hat eine Herrlichkeitsgeschichte. Aber als ihre Schwierigkeiten begannen, hätte sie nie geglaubt, dass Gott auch nur eine davon benutzen könnte, um sie stärker zu machen und ihr Verständnis von Gott zu erweitern.

Vor etwa zwanzig Jahren hatte Olivia ihre Heimat, ihre Familie und alles, was sie kannte und hatte, einschließlich ihrer beruflichen Laufbahn, verlassen, um mit ihrem Mann an die Westküste Amerikas zu ziehen, wo er eine Arbeitsstelle bekam. Sie wollten miteinander ein neues Leben in Kalifornien aufbauen. Doch eine Woche nach dem Umzug entdeckte Olivia, dass ihr Mann eine Beziehung zu einer anderen Frau hatte.

„In all dem Stress, den ein Umzug in eine 4000 Kilometer entfernte Stadt mit sich bringt, stand ich plötzlich ohne Freunde, ohne Familie, ohne Kirchengemeinde, ohne meine Habseligkeiten [alles war für drei Monate eingelagert, bis zur Fertigstellung des neuen Hauses] und zum ersten Mal seit zwanzig Jahren ohne Arbeitsstelle und ohne Ehemann da! Materiell und emotional gesehen war mir alles genommen worden, und ich verlor sogar den geistlichen Halt. Ich war soweit, dass ich nicht mehr glaubte, dass Gott mich liebt, so abgelehnt kam ich mir vor. Nie zuvor hatte ich Gottes Liebe zu mir infrage gestellt. Dann begann mein einsamer Weg, bis ich wieder soweit war, auf Gott zu schauen und zu verstehen, wie sehr er mich liebt und dass er die Quelle meiner Kraft sein will.“

In den folgenden acht Jahren versuchte Olivia, sich mit ihrem

Mann auszusöhnen und vertraute darauf, dass sie den Schmerz über den Betrug ihres Mannes verarbeiten könnte, wenn Gott wollte, dass sie an der Ehe festhielt. Sie berichtete: „Ich habe mir wirklich gewünscht, dass es klappt, wenn auch nur die geringste Aussicht bestanden hätte." Aber der Betrug wurde im Lauf der Jahre schlimmer. Ihr Mann hielt im Geheimen an der außerehelichen Beziehung fest, und schließlich wurde seine Freundin schwanger. (Das war besonders hart für Olivia, die wegen eines unerfüllten Kinderwunsches mehrere Jahre lang in Behandlung war und sogar Operationen auf sich genommen hatte.) Kurz nachdem Olivia die Schwangerschaft der anderen Frau entdeckt hatte, zog ihr Mann aus und beantragte die Scheidung.

Olivia erinnert sich an den Tag, an dem ihr die Scheidungspapiere zugestellt wurden. „Das hatte etwas Endgültiges an sich und traf mich wirklich. Ich bin regelrecht aus der Bahn geworfen worden." Sie saß auf dem Boden, konnte sich nicht mehr bewegen und war vor Angst wie gelähmt. Sie rief eine Freundin an, die mit ihr über das Leiden von Jesus sprach und dann über Telefon stundenlang mit ihr betete. Als Olivia aufgelegt hatte, wurde ihr klar, dass sie zur Tür gehen und die Folgen der Sünden ihres Mannes tragen konnte, da Jesus für ihre Sünden ans Kreuz gegangen war. „An diesem Tag war ich nur dann in der Lage, die Wohnung zu verlassen, wenn ich daran dachte, dass Jesus vor mir her geht: Wenn die Scheidungspapiere mir zugestellt worden sind, dann sind sie vorher auch Gott zugestellt worden, und er wird mir helfen und mir Kraft geben."

In dieser schweren Zeit und den folgenden qualvollen Jahren wurde Gott zu Olivias Kraft. Als sie noch mitten im Leid war, begann er, eine Herrlichkeitsgeschichte in ihr Leben hineinzuweben.

„In dieser ganzen schweren Zeit hat Gott mir Menschen über den Weg geschickt, die Ähnliches erlebt hatten und mich deshalb ermutigen konnten. Später habe ich Menschen getroffen, denen ich aufgrund meiner persönlichen Erfahrungen in ihrem Leid helfen konnte. Da mir Menschen geholfen haben, möchte ich auch anderen in ihren

Schwierigkeiten helfen und ihnen Mut zusprechen, egal womit sie zu kämpfen haben."

Heute betrachtet Olivia den Weg, für den sich ihr Ex-Mann entschieden hat – den Weg des Ungehorsams und der Bitterkeit –, und ist froh, dass Gott dafür gesorgt hat, dass sie sich nicht auch für diesen Weg entschied.

„Ich weiß, dass ich alles getan habe, um meine Ehe zu retten, und dass mein Mann Gott gegenüber ungehorsam war. Ich habe inneren Frieden, weil ich weiß, dass Gott bei jedem Schritt an meiner Seite ist."

Olivia erschaudert bei dem Gedanken, wie ihr Leben heute aussehen würde, wenn sie sich in ihrem Leid von Gott abgewandt hätte. Sie ist jetzt glücklich und gesund und dient Gott in ihrer örtlichen Kirchengemeinde.

„Heute bin ich stärker, weil ich den Weg des Leidens alleine gehen musste", erinnert sie sich. Andere haben das auch erkannt. Olivia leitet die Single-Arbeit in ihrer Kirche und ist ein Fels in der Brandung für einsame junge Frauen. Wegen Olivias Leid und ihren Schwierigkeiten, wegen ihres Lebens und ihrer Verluste wurde eine weitere Herrlichkeitsgeschichte für Gott geschrieben.

Wie Erins Geschichte mich an Hiob erinnert und daran, wie er seine Schwierigkeiten durchlebte und Gott von einer neuen Seite kennenlernte, so erinnert mich Olivias Geschichte an eine Frau in der Bibel: Noomi. Arme Noomi. Sie dachte, ihr Leben sei vorüber, hatte aber keine Ahnung, dass Gott in ihr und durch sie wirkte, um etwas viel Größeres im Leben eines anderen Menschen zustande zu bringen. Betrachten wir die Geschichte einer Frau, die vom Leben verbittert war, aber bald erkannte, dass aus allem Segen wurde.

Noomis Albtraum

Noomi hat alle Männer ihres Lebens verloren – ihren Mann und ihre beiden Söhne –, wohnte in einem fremden Land und fühlte sich sehr einsam. Für Noomi konnte das Leben nicht schlimmer werden. Es ist verständlich, dass sie in ihre Heimatstadt zurückkehrte und ihre alten Freundinnen aufforderte: „Nennt mich nicht mehr Noomi, sondern Mara", was „Bitterkeit" bedeutet. Wie traurig! Diese unglückliche Frau dachte, dass „bitter" das einzige Wort war, das ihr Leben beschreiben konnte.

Aber Gott hatte ein Ziel für Noomis Leben ... und das war viel größer als ihr eigener Wunsch nach der Behaglichkeit und dem Glück eines Lebens mit ihrem Mann und ihren beiden verheirateten Söhnen! Gott hat offensichtlich zugelassen, dass Noomi ihren Mann und ihre Söhne verliert, damit sie ihr Leben in einen anderen Menschen investieren konnte: in das Leben ihrer verwitweten Schwiegertochter Rut. Rut war eine Moabiterin, vielleicht sogar eine, die nicht an den wahren Gott Israels glaubte. Als Noomi nach dem Tod ihres Mannes und ihrer Söhne beschloss, Moab zu verlassen und nach Israel zurückzukehren, ging ihre Schwiegertochter Rut mit ihr. Nach ihrer Ankunft in Israel heiratete Rut einen Mann, der mit Noomi verwandt war, und bekam ein Kind. Dieser kleine Junge war für Noomi eine große Freude. Noch wichtiger ist, dass er ein Vorfahre des künftigen Königs David und später von Jesus, dem Messias, war. Ja, Gott hatte einen größeren Plan: einen Plan für einen Stammbaum, aus dem der Messias hervorgeht, der kommen würde, um die Welt zu retten.

Solange Noomi über ihre Verluste jammerte, fühlte sie sich einsam und bitter. Doch gegen Ende ihres Lebens, als sie ihren Enkel in den Armen hielt, erkannte sie, dass Gott von Anfang an einen Plan hatte, und ihr Leben verwandelte sich in Segen. Ich bin davon überzeugt, dass Noomi von Gott beauftragt wurde, Rut zu einer gottesfürchtigen Frau, einer guten Ehefrau und Mutter zu machen. Noomi, die ihr Leben als bitter bezeichnete, hatte schließlich eine Herrlichkeitsgeschichte.[33]

Ihre Herrlichkeitsgeschichte

Müssen Sie zurzeit eine dunkle Wegstrecke zurücklegen? Haben Sie den Eindruck, dass das Leid nur so über Sie hereinbricht, oder haben Sie Verluste erlitten? Vielleicht schreibt Gott in Ihrem Leben eine Herrlichkeitsgeschichte für einen anderen Menschen? Weil sie so viel gelitten hatte, konnte Noomi Rut helfen. Olivia konnte wegen des Leids, das sie durchgemacht hatte, zahllosen alleinstehenden Frauen Mut machen. Und ich bin davon überzeugt, dass auch Erin durch ihr Leid zu einem Ort geführt wird, an dem sie ein Segen für andere ist. Könnte es sein, dass Gott Pläne für eine andere Frau hat, der Ihre Erfahrungen und alles, was Sie durch persönliches Leid gelernt haben, zugute kommen? Gibt es jemanden, dem Sie aufgrund Ihrer Probleme unter die Arme greifen können, damit für Gott eine Herrlichkeitsgeschichte geschrieben wird?

Es ist ganz natürlich, dass wir sagen: „Ausgeschlossen! Mein Leben ist ein Fiasko. So wie die Lage zurzeit ist, kann ich unmöglich jemanden ermutigen." Ich habe aber herausgefunden, dass gerade das Leid, meine Nöte und Schwierigkeiten, die ich in meinem Leben durchgemacht habe, mir die Fähigkeit verleihen, anderen Frauen zu helfen. Wenn ich Position beziehe und anderen Frauen erzähle, dass Gott mein „himmlischer Ehemann" sein kann, dann können meine Zuhörerinnen das erst nachvollziehen, wenn ich über die Wüsten spreche, durch die ich in meiner eigenen Ehe gewandert bin. Wenn ich über Gottes Liebe und Anerkennung spreche, können die Frauen das erst verstehen, wenn ich Ihnen mitteile, wohin ich gegangen bin, um Liebe und Anerkennung außerhalb von Gottes Armen zu finden. Wenn ich von Gottes Freude in meinem Herzen spreche, bin ich nicht glaubwürdig, wenn ich nicht die Tiefen beschreibe, aus denen

Gott mich herausgezogen hat, und dass ich nur deshalb noch lächeln kann, weil Gott so ist, wie er ist. Wenn ich über unerschütterliches Vertrauen zu Gott spreche, kann es hohl klingen – wenn ich nicht erzähle, wie bedingungslos ich ihm während der Erschütterungen und Stürme meines Lebens vertrauen musste. Je mehr Erfahrung Sie im Leiden haben, je öfter Sie alleine Ihre Nöte durchstehen mussten, umso mehr Zugang erhalten Sie zum Herzen anderer Frauen. Und umso mehr öffnen sich die Türen, um Frauen die Schweres durchmachen, in Ihrer Kirchengemeinde, an Ihrer Arbeitsstelle oder in Ihrer Nachbarschaft zu helfen und Mut zuzusprechen.

Fragen stellen

Im Allgemeinen stellen wir Gott vor allem dann Fragen, wenn Probleme über uns hereinstürzen: wenn unser Ehemann uns verlässt, wenn wir erfahren, dass wir eine unheilbare oder lebensbedrohliche Krankheit haben, wenn wir ein Baby durch Fehlgeburt verlieren oder nicht schwanger werden können, wenn wir ungewollt ehelos bleiben oder einen geliebten Menschen verlieren. Und doch weiß Gott, was er tut. Möglicherweise erfahren wir nie, warum er bestimmte Dinge in unserem Leben zulässt, aber wir können sicher sein, dass er weiß, was er tut. Er hat versprochen, dass für uns Gutes daraus wird.

Oft höre ich Leute sagen: „Diese Frage stelle ich ihm, wenn ich einmal im Himmel bin.“ Aber ich glaube, wenn wir in den Himmel kommen, sind wir so beschäftigt, Gott für seine Gnade und Liebe und das Opfer seines Sohnes anzubeten, dass uns unsere Fragen zu unserem Leiden hier auf der Erde nicht mehr im Entferntesten interessieren. Vermutlich sehen wir die Narben an den Händen und Füßen von Jesus und erkennen, dass das, was wir hier auf der Erde durchgemacht haben, nichts ist im Vergleich zu dem, was er gelitten hat, damit wir in den Himmel kommen. Vielleicht verstehen wir dann endlich die Worte von Paulus in Römer 8,18: „Ich bin aber davon überzeugt, dass unsere jetzigen Leiden bedeutungslos sind im Vergleich zu der Herrlichkeit, die er uns später schenken wird."

Wir könnten uns sogar wünschen, mehr widrige Umstände zu erleben, damit wir hier auf der Erde etwas mehr von seiner Herrlichkeit erfahren können.

Kraft im Leid

Ich habe in meinem eigenen Leben erfahren, dass Gott Leid und schwere Erfahrungen gebraucht, um mich so zu formen, wie es sonst nicht möglich wäre. Ich möchte Ihnen einige der Dinge schildern, die ich gelernt habe. Vielleicht werden Sie zu einer Quelle der Ermutigung für Sie, wenn Sie alleine Leid ertragen müssen.

Leid verändert unseren Charakter. In Jakobus 1,2-4 lesen wir: „Liebe Brüder, wenn in schwierigen Situationen euer Glaube geprüft wird, dann freut euch darüber. Denn wenn ihr euch darin bewährt, wächst eure Geduld. Und durch die Geduld werdet ihr bis zum Ende durchhalten, denn dann wird euer Glaube zur vollen Reife gelangen und vollkommen sein und nichts wird euch fehlen." Sollen wir uns freuen, wenn wir in schwierige Situationen und Leid geraten? Das ist doch unmöglich! Doch wenn wir uns auf das Ergebnis konzentrieren – die Frauen, die wir dadurch werden, die Herrlichkeitsgeschichte, die auf die Leinwand unseres Lebens geschrieben wird, die Aufgabe, die Gott für uns vorgesehen hat und die eines Tages viele andere ermutigt –, dann haben wir wieder Grund zum Lächeln.

Eine Frau namens Carole beschrieb mir in einem Brief das Leid, das sie in den vergangenen zwanzig Jahren erlebt hat. Ihr Mann hat sie nach zwanzig Jahren Ehe verlassen, eines ihrer Kinder ist drogenabhängig, ihr 25-jähriger Sohn ist tödlich verunglückt und zu ihren Töchtern hat sie kaum Kontakt. Trotz allem hat sie an Gott festgehalten und vertraut darauf, dass er ein Ziel und einen Plan für ihr Leben hat.

„Das Gute ist, dass ich jetzt 64 Jahre alt bin und in meiner Beziehung zu Gott immer stärker werde", schrieb sie. Vor ihre Unterschrift setzte sie die Worte: „In seinem läuternden Feuer". Darin befindet sich Carole seit zwanzig Jahren – und wird dabei immer stärker. Carole kann auf ihre Schwierigkeiten in Dankbarkeit zurückblicken, weil sie weiß, dass durch die Prüfung ihres Glaubens ihre Geduld gewachsen ist und dass die Geduld sie reifer, stärker und Gott ähnlicher gemacht hat.

Leid formt uns für die Ewigkeit. Wenn Gott verspricht, dass für die, die ihn lieben, alles zum Guten führt (Römer 8,28), dann gibt er auch die Gründe dafür an. Sein Ziel ist es allerdings nicht, dass wir glücklich sind und ein angenehmes und kreatives Leben führen. Gottes Absichten gehen viel tiefer. In den folgenden Versen sagt er uns, dass alles, auch Schweres, für uns zum Guten führt, weil er einen ewigen Plan für uns hat. „Denn Gott hat sie schon vor Beginn der Zeit auserwählt und hat sie vorbestimmt, seinem Sohn gleich zu werden" (Römer 8,29). Das ist der Grund! Durch Leid sollen wir Jesus ähnlicher werden.

Gott sorgt dafür, dass wir durch Schwierigkeiten zu der Person geformt werden, die wir nach seinem Willen sein sollen: eine Person, die seinem Sohn ähnlich ist: heilig, untadelig und einsetzbar für ihn. Wenn Gott uns zu Frauen machen will, die ganz und ausschließlich von ihm abhängig sind, dann lässt er gewisse Dinge in unserem Leben zu, die uns aus der Bahn werfen, damit wir bei ihm Sicherheit und Vertrauen suchen und uns nicht auf Geld, Arbeitsplatz, Stellung, Familie oder Beziehungen verlassen.

Durch Leid lernen wir Jesus kennen. In der Bibel wird Jesus als Mann der Schmerzen (Jesaja 53,3) beschrieben. Er hat vieles für Sie und mich aufgegeben, sogar sein Leben. Wenn wir selbst einsam sind oder abgelehnt, betrogen oder missverstanden werden, können wir möglicherweise nachvollziehen, was er hier auf der Erde durchgemacht hat. Das scheint ein hoher Preis zu sein, doch dafür lernen wir den allmächtigen Gott persönlich kennen.

Der Apostel Paulus, der einen Großteil des Neuen Testaments geschrieben hat, bekam in seinem Leben mehr als genug Leid ab. Er saß mehrmals im Gefängnis, wurde geschlagen, dreimal ausgepeitscht, ihm wurden fünfmal 39 Hiebe verpasst, er verbrachte einen Tag und eine Nacht treibend auf dem offenen Meer, er wurde einmal fast zu Tode gesteinigt, ständig ausgeraubt, für tot gehalten und von Menschen verfolgt, die ihn umbringen wollten.[34] Doch dieser Mann sagt, dass das alles bedeutungslos ist – im Vergleich zu der Herrlichkeit, die Gott uns später schenken wird, und zu dem Wissen, dass wir die Ewigkeit bei Gott verbringen werden. Wie kann Paulus so etwas sagen? Wie kann er sagen, dass alles, was er durchgemacht hat, nichts ist? Er konnte es, weil er seine Augen auf die Herrlichkeitsgeschichte richtete, die Gott schrieb. Weil er sich den Tag vor Augen hielt, an dem er vor seinem Retter im Himmel knien und sagen würde: „Es war es wert, weil ich einen kurzen Blick von dem erhascht habe, was du, Herr, für mich erduldet hast."

Können Sie und ich von unserem Leid und unseren Schwierigkeiten (die wahrscheinlich, verglichen mit der Liste von Paulus, banal sind) wie Paulus behaupten, dass sie nichts sind? Ich glaube, wir können es, wenn wir unser Hauptaugenmerk auf Gottes Ziel für uns richten.

Leid hilft uns, andere zu trösten und ihnen zu helfen. In der Bibel steht, dass Gott uns in allen unseren Schwierigkeiten tröstet, damit wir nicht nur seinen Trost in unserem Leben erfahren, sondern auch andere trösten können (2. Korinther 1,3-4). Was für ein Vorrecht, dass er direkt in unserem Leben wirkt und sich mitten im Leid um uns kümmert, damit wir einem anderen Menschen helfen können, indem wir ihm mitteilen, was Gott uns gezeigt hat, oder ihm den Trost weitergeben, den wir erhalten haben. Tröstet Gott Sie jetzt, damit Sie diesen Trost an einen anderen Menschen weitergeben können? Wenn Sie es tun, wird für Gott eine Herrlichkeitsgeschichte geschrieben. Wundern Sie sich nicht, wenn Sie Frauen kennenlernen, die gerade das Leid erfahren, das Sie bereits durchgemacht haben. Gott bringt diese Frauen in Ihr Leben, damit sie von Ihnen erfahren können, was Sie von Gott gelernt haben!

Es geht nur um ihn. Sind Ihnen in den obenstehenden Punkten die Wörter „verändern", „Ewigkeit", „sein Wesen" und „andere" aufgefallen? Es geht nämlich nicht um uns. Es geht um Gott und seinen ewigen Plan für uns, seine Offenbarung, seinen Auftrag an uns, andere zu ermutigen. Es geht nur um ihn. Vielleicht wusste das der Täufer Johannes, als er von Jesus sagte: „Er muss immer größer werden und ich immer geringer" (Johannes 3,30). Diese Einstellung sollten wir uns aneignen, wenn wir im Leid einsam sind. Jesus muss für uns größer sein als wir und unsere Schwierigkeiten. Wir müssen erkennen, dass nur er unsere Hoffnung im Leid ist. Wir müssen ihn in unserem Leben immer größer werden lassen, bis wir nur noch ihn sehen können. Und das ist ein herrlicher Anblick!

Und Sie?

Bekommen Sie allmählich die Zuversicht, dass das, was Sie durchmachen, nicht umsonst ist? Ich hoffe es. Mein Leitspruch für Frauen, die einsam leiden, lautet: „Sorgen Sie dafür, dass es nicht umsonst ist." Verwerten Sie es, lassen Sie es von Gott wettmachen, nutzen Sie es und machen Sie daraus eine Herrlichkeitsgeschichte. In gewisser Hinsicht können wir nur so bei Verstand bleiben, denn oft verstehen wir das Leid nicht, das wir durchmachen. Es hilft ein bisschen, wenn wir erkennen, dass wir dadurch stärker werden und unsere Veränderung Gott ehrt. Aber es liegt an uns, ob Gott die Ehre bekommt oder nicht. In der Wüste unseres Leids können wir in Selbstmitleid schwelgen – oder eine Herrlichkeitsgeschichte daraus machen. Es ist unsere Entscheidung.

Im Folgenden möchte ich Ihnen einige Tipps geben, die mir geholfen haben, dafür zu sorgen, dass aus meinem Leid eine Herrlichkeitsgeschichte wird.

1. *Anerkennen, dass Gott Gott ist.* Die Antworten, die Hiob von Gott erhielt, gelten auch für uns. Er ist der Schöpfer und Herr über Leben und Tod. Er hat das alleinige Recht an allem, was er geschaffen hat. Er ist Herr über alles, ob wir es anerkennen oder nicht. Er ist Gott und nicht wir. Wenn wir uns das klarmachen, können wir uns und unser Leben in einem anderen Licht sehen.

2. *Anerkennen, dass er das Recht hat, zu tun, was er will.* In Galater 2,19-20 schrieb Paulus, der entschlossen war, sein Leben zur Ehre Gottes hinzugeben: „Ich aber bin mit Christus gekreuzigt ... Ich lebe, aber nicht mehr ich selbst, sondern Christus lebt in mir." Glauben Sie das? Betrachten Sie Ihren Körper als Gottes Eigentum und nicht als Ihres? Wenn wir so weit sind, dass wir selbst auf alle vermeintlichen Rechte verzichten und Gott die völlige Herrschaft überlassen, segnet er uns ganz besonders. Er beseitigt das Leid nicht immer, aber er segnet uns trotzdem, indem er uns fähiger macht, ihn zu sehen, sein Wirken zu verstehen und in seiner Freude zu leben. Wenn wir uns ihm anvertrauen, sind wir in guten Händen. So wie Eltern wissen, wie sie ihr Kind in die richtige Richtung lenken können, weiß Gott, was er mit uns tut. Wollen Sie ihm Ihr Leben restlos anvertrauen?

3. *Erzählen Sie oft, was er in Ihrem Leben getan hat.* Wenn wir es uns zur Gewohnheit machen, anderen von Gottes Güte anstatt von unseren Beschwerlichkeiten zu erzählen, bearbeiten und aktualisieren wir unsere Herrlichkeitsgeschichte. Sie wird zu unserem Zeugnis. Und da Gottes Segnungen und Fürsorge nie enden, haben wir immer etwas Neues zu berichten. Wenn Sie immer noch erzählen, wie Gott vor zwanzig Jahren in Ihrem Leben gewirkt hat, dann ist das in Ordnung. Doch das sollte nicht die einzige Herrlichkeitsge-

schichte sein, von der Sie berichten können. Lassen Sie uns Beispiele seiner Güte aus jüngerer Vergangenheit finden und darüber sprechen.

Meine Freundin Ginny ist eine Frau, die ständig eine Herrlichkeitsgeschichte auf Lager hat. (Damit will ich nicht sagen, dass sie ständig Leid und Schwierigkeiten durchlebt.) Ginny wurde in ihrer ersten Ehe misshandelt und ließ sich scheiden. Ihr Sohn ist drogenabhängig (er war im Gefängnis und ist jetzt in der okkulten Szene). Sie musste endlose Gerichtsverfahren durchstehen, weil sie ihre Enkelin adoptieren wollte. Und doch erklärt Ginny: „Ich glaube, dass Gott all diese schlimmen Dinge in meinem Leben zugelassen hat, damit ich ihn sehen kann, mich ganz auf ihn verlasse und anderen bezeugen kann, was er an mir getan hat."

Die Gelegenheit, das zu sagen, ergreift Ginny jedes Mal, wenn jemand klagt, wie schlecht es ihm geht. Sie berichtet kurz über ihren Leidensweg und erzählt dann von der Güte und Treue Gottes, der alles in der Hand hat, was in ihrem Leben geschieht. Nach einem Gespräch mit Ginny sagen die meisten Frauen: „Wenn Ginny Gott vertrauen kann, nach allem, was sie durchgemacht hat, dann vertraue ich ihm auch."

4. *Verlassen Sie sich darauf, dass Gott vor Ihnen hergeht*. Es geht nichts über die Gewissheit, dass Gott da ist und das alles schon erlebt hat! Denken Sie im Leid daran, dass Sie nicht alleine sind. Der Gott, der Ihr Leid zugelassen hat, geht vor Ihnen her. Und er hat Ihnen dieses Versprechen gegeben:

Wenn du durch Wasser gehst, werde ich bei dir sein. Ströme sollen dich nicht überfluten! Wenn du durch Feuer gehst, wirst du nicht verbrennen; die Flammen werden dich nicht verzehren (Jesaja 43,2).

5. *Freuen Sie sich, denn diese Zeit geht vorüber.* In Psalm 30,6 singt David: „Die Nacht ist noch voll Weinen, doch mit dem Morgen kommt die Freude." Dies ist ein Versprechen, dass die Wüste des

Leides nicht ewig andauert. Manchmal dauert sie eine ganze Nacht lang – so lange, bis Sie sich in der Nacht an ihn klammern und er die Ehre bekommt – und dann kommt der Morgen. David beschließt sein Lied mit den ermutigenden Worten: „Du hast meine Trauer in einen Tanz voller Freude verwandelt. Du hast mir die Trauergewänder ausgezogen und mir Freude geschenkt, damit ich dich preise und nicht schweige. Herr, mein Gott, für immer will ich dir danken" (Verse 12-13). Bei all dem Leid, das David schon durchgemacht hatte, wusste er, dass alles einmal ein Ende haben wird. Und er hat versucht, sein Hauptaugenmerk darauf zu richten.

In Philipper 4,4 fordert Paulus uns auf, uns zu freuen, egal, wie die äußeren Umstände aussehen: „Freut euch im Herrn. Ich betone es noch einmal: Freut euch!" Paulus schrieb diese Worte im Gefängnis, in dem Wissen, dass sein Leiden nicht ewig andauern wird. Vielleicht können auch Sie sich freuen, wenn Sie daran denken, dass Ihr Leid nur eine Zeit lang andauert – auch wenn Ihnen nicht nach Freude zumute ist.

Reden Sie darüber

Das Wichtigste ist, nie zu vergessen, dass Ihr Leid nicht ewig andauern wird. Wenn Sie treu bleiben, wird das Leid das zustande bringen, was Gott beabsichtigt hat. In Psalm 30 steht das Versprechen, dass er auch Ihre Trauer in einen Tanz voller Freude verwandelt. Er wird auch Ihnen die Trauergewänder ausziehen und Ihnen dafür ein Festgewand anziehen.

Und wenn er das dann tut – und vielleicht auch schon vorher –, hoffe ich, dass ihr Herz vor Freude überläuft und Sie von seiner Güte, seiner Fürsorge und seinen Segnungen reden, trotz aller äußeren Umstände. Ich hoffe, dass Sie wie der Psalmist nicht schweigen, sondern der Welt Ihre Herrlichkeitsgeschichte erzählen.

Zum Weiterdenken:

- *Lesen Sie 2. Korinther 1,3-4 und machen Sie sich bewusst, wann und wie Sie Gottes Trost erlebt haben. Fällt Ihnen vielleicht jemand ein, der in einer ähnlichen Situation steckt und von Ihrer Erfahrung profitieren könnte? Dann nehmen Sie Kontakt auf und erzählen Sie, wie Sie in Ihrem Leid Gott näher gekommen sind.*
- *Vielleicht stecken Sie selbst mittendrin und warten noch darauf, dass Gott Sie tröstet? Dann geben Sie nicht auf, halten Sie durch. Entscheiden Sie sich, nicht bitter zu werden. Bitten Sie Gott, dass er aus Ihrer Not etwas Gutes entstehen lässt. Sagen Sie ihm, dass Sie nicht umsonst leiden wollen, sondern seinen Trost erleben möchten. Denn erst dann können Sie andere glaubhaft trösten.*

Teil 3

Eine Zeit des Aufbruchs

„Doch die, die auf den Herrn warten, gewinnen neue Kraft. Sie schwingen sich nach oben wie die Adler."

JESAJA 40,31

Kapitel 8

Einsam in der eigenen Ruhelosigkeit: Sehnsucht nach Gott bekommen

„ICH bin jetzt an einem Punkt in meinem Leben angelangt, an dem ich nicht sein will“, fuhr es verzweifelt aus Valerie heraus. Sie hatte das gleiche Alter erreicht, in dem ihre Mutter eine „Midlife-Crisis“ und als Folge davon eine Affäre begonnen hatte.

„Ich bin so unruhig, ich glaube, ich drehe durch. Eigentlich bin ich fähig, das Gleiche zu tun wie meine Mutter, obwohl ich keinen Grund dazu habe. Jeff ist wunderbar. Für meine Gefühle gibt es überhaupt keinen Grund, aber sie sind da. Mein ganzes Leben lang war ich immer diejenige, die für alles verantwortlich war. Als Älteste von drei Kindern musste ich immer alles auf die Reihe bekommen. Ich durfte nie ausbrechen. Ich möchte jetzt einfach ein bisschen das Leben genießen, rebellieren und tun, was ich früher nie tun konnte.“

„Was genau meinst du damit, Valerie?“, fragte ich sie.

„Ich weiß nicht, ich bin innerlich einfach unruhig und es drängt mich, etwas wirklich Dummes zu tun.“

Valerie und ich sprachen über ihre Mitarbeit in der Kirchengemeinde. Wir überlegten gemeinsam, dass ein Ausstieg für sie nicht in Frage kommt, weil der Preis für ihren Mann, ihre Kinder, ihre Freunde und die Kirchengemeinde zu hoch ist. Wir sprachen über die Lüge, die uns einreden will, dass man sündigen muss, um „das Leben ein bisschen zu genießen“, und darüber, dass nur der Gehorsam gegenüber Jesus das Leben lebenswert macht. Wir dachten darüber nach, dass auch „kurze Freuden der Sünde“ zum Tod führen.[35]

Valerie wusste das alles. Trotzdem war sie innerlich unruhig. Man kann es „Midlife-Crisis“ nennen, Anwandlung von Egoismus oder

Sünde. Valerie hatte einen Punkt in ihrem Leben erreicht, an dem sie unbedingt etwas wollte.

Worin lag der Ursprung ihrer Ruhelosigkeit?

Obwohl Valerie Gott kannte und ihm in ihrer Kirchengemeinde treu diente, hatte sie keine Sehnsucht nach ihm. Sie konnte nicht wie David in Psalm 42,2 sagen: „Wie der Hirsch nach Wasser dürstet, so sehne ich mich nach dir, mein Gott." Als dann die Stürme der Ruhelosigkeit einsetzten – weil ihr Körper alterte, weil es unerfüllte Träume, eine Reihe von Enttäuschungen oder eine leichte Depression gab – empfand sie Sehnsucht nach etwas, das ihre innere Leere füllten sollte. Da sie sich nicht nach Gott sehnte, verlangte sie in ihrer Ruhelosigkeit nach etwas anderem. Und dieses brennende Verlangen war eine zerstörerische Kraft.

Sehnsucht nach etwas

Ruhelosigkeit, die zu verzweifelter Sehnsucht werden kann, ist für Frauen nichts Neues. Von Beginn an haben wir uns nach etwas gesehnt. Eva lebte im Garten Eden – dem schönsten und vollkommensten Ort auf der Erde – und war unruhig, weil es etwas gab, das sie sich mehr wünschte als Gott. Sie wollte das Gute vom Bösen unterscheiden können. Diese Sehnsucht brachte sie dazu, ungehorsam zu sein, und das führte schließlich zu ihrem Tod.[36]

Sara, die Frau von Abraham, war unruhig, weil sie kein Kind hatte. Sie verzweifelte, als Gottes Versprechen, ihr einen Sohn zu schenken, sich nicht so schnell erfüllte, wie sie gehofft hatte. Dreizehn Jahre nach der Wartezeit von fünfundzwanzig Jahren, die Gott geplant hatte, ließ sie ihre Magd mit ihrem Mann schlafen und bekam durch ihre Magd einen Sohn. Doch ihre Verzweiflungstat hatte schwerwiegende Folgen.[37]

Rahel, die Frau, die Jakob mehr liebte als Lea (Sie erinnern sich an ihre Geschichte in Kapitel 2?), wünschte sich so sehr Kinder, dass sie schon von einem zweiten Kind sprach, als sie endlich ihr erstes zur Welt gebracht hatte![38] Als sie dann ihren zweiten Sohn geboren hatte, nannte sie ihn „Sohn meines Kummers“ und starb. Ausgerechnet das, was sie sich in ihrem Leben am meisten gewünscht hatte, führte zu ihrem Tod. Ihre Sehnsucht nach etwas anderem als Gott hat sie buchstäblich das Leben gekostet!

Ich könnte Ihnen noch viele andere Geschichten erzählen, aber ich glaube, Sie verstehen, worauf ich hinaus will. Wir wurden mit der Fähigkeit geschaffen, Gott von ganzem Herzen, von ganzer Seele, mit allen Gedanken und aller Kraft zu lieben (Markus 12,30). Wenn wir aber unser Herz, unsere Gedanken, unsere Seele und unsere Kraft auf etwas anderes als auf Gott ausrichten, dann kann uns das zerstören.

Gott hat einmal zu einem unruhigen Mann gesagt: „[Dir] lauert die Sünde … auf. Sie will dich zu Fall bringen. Du aber sollst über sie herrschen!“ (1. Mose 4,7). Gott weiß, dass wir leidenschaftlich sind. Aber er will, dass diese Leidenschaft auf ihn ausgerichtet ist, damit wir unser Leben – und das Leben anderer – nicht verpfuschen.

Die Ausrichtung der Sehnsucht

Meine Freundin Edie hat einige ruhelose Zeiten in ihrem Leben überstanden, ohne sich zu Verzweiflungstaten hinreißen zu lassen. Denn sie war fest entschlossen, Gott nachzufolgen, und wollte, dass er ihr Herz und ihren Verstand nach seinem Willen prägt. Für mich ist Edie eine Frau, die inmitten ihrer Ruhelosigkeit Gott suchte und deshalb durch ihre Schwierigkeiten stärker wurde.

Edie wuchs mit einem psychisch kranken Vater und einer Mutter, die mit dieser Situation nicht zurechtkam, auf. Sie hatte drei ältere Brüder und den Eindruck, dass sie nirgends dazugehörte. So durchlebte sie schon als Kind Zeiten der Ruhelosigkeit. Das setzte sich fort, als sie als junge Frau erwartete, dass ihr Mann das wettmachte, was sie emotional von ihren Eltern nicht erhalten hatte. Später wurde bei ihr zweimal Krebs diagnostiziert und sie hatte den Eindruck, dass sie von Gott und der Welt vergessen war. Dann musste sie als erwachsene Tochter ihre demenzkranke Mutter pflegen. Heute, nach dem Tod ihrer Mutter und dem Auszug ihrer erwachsenen Söhne, betrachtet Edie das Leben realistisch. Sie weiß, dass eine neue Zeit der Einsamkeit auf sie wartet und will sich darauf vorbereiten.

Edie betrachtet die Einsamkeit als Teil ihres Lebens und sieht die Zeiten des Alleinseins als Teile eines großen Puzzles, das dazu dient, in ihr die Sehnsucht nach Gott zu wecken: „Ich glaube, dass Gott uns durch Wüsten wandern lässt, damit wir erkennen, wie sehr wir uns nach ihm sehnen", erklärte sie. „Alle Frauen sehnen sich nach etwas ... Sollte es nicht eine Sehnsucht nach Gott sein?"

Edie hat erfahren, dass die Einsamkeit in ihrer Ehe sie ihrem „himmlischen Ehemann" näher gebracht hat. Sie hat erlebt, dass ihr Kampf gegen den Krebs (inzwischen zum dritten Mal!) ihr Vertrauen auf Gott vertieft hat. Sie hat Gottes stärkende Gnade bei der Pflege ihrer Mutter und den grausamen Auswirkungen von Demenz erfahren. Und sie hat gesehen, dass andere Frauen ermutigt werden, wenn sie ihnen erzählt, wie Gott in ihrem Leben gewirkt hat. Obwohl Edie viel Schweres überstanden hat, das vielleicht noch auf Sie oder mich wartet, glaubt sie nicht, dass in Zukunft alles glattgeht.

„Ich werde älter, habe nicht mehr so viel Kraft wie früher und bin nicht mehr so schnell und auf Draht wie jüngere Frauen. Das Älterwerden ist wohl mein nächster Lebensabschnitt, der nicht leicht sein wird. Doch solange ich mich auf das konzentriere, was am wichtigsten ist, kann ich auch das überstehen. Ich bereite mich schon darauf vor und frage mich ständig: Wonach sehne ich mich?"

Eine gute Frage

Glauben Sie nicht, dass das eine gute Frage für jede von uns ist?: Wonach sehne ich mich?

Die meisten Frauen sehnen sich nach etwas. Wenn man den Schlagzeilen der meisten Frauenzeitschriften glaubt, dann sehnen sich die Frauen heute danach, schlank, attraktiv, geliebt und weniger gestresst zu sein. Die Frauen im ganzen Land, vor denen ich spreche, sehnen sich nach einer Liebesbeziehung, die sie befriedigt und erfüllt – wenn nicht mit einem Mann, dann mit Gott.

Valerie, die wir am Anfang dieses Kapitels kennenlernten, scheint sich nach Jugend und Lebenslust zu sehnen und hat Angst, etwas zu versäumen.

Ich erinnere mich an die Zeiten, in denen ich mich danach sehnte, einen Mann zu finden, ein zweites Kind zu bekommen, glücklich und in Sicherheit zu leben und meine Träume zu erfüllen. Was wäre geschehen, wenn ich mich in jenen Zeiten gefragt hätte: „Cindi, wonach sehnst du dich jetzt wirklich?“ Und wenn ich mir die zweite Frage gestellt hätte: „Cindi, was ist das Einzige, nach dem du dich jetzt sehnen solltest?“

Vielleicht hätte ich dann meine Sehnsüchte auf den einen ausgerichtet, der Befriedigung schenken kann, und hätte diese Zeiten wie Edie ertragen, um auf dem Weg, den Gott für mich vorgesehen hat, zu wachsen, zu lernen und stärker zu werden.

Das Wichtigste in den Mittelpunkt stellen

In Psalm 27,4 sagt David, dass er sich eines sehnlichst wünscht: nämlich „solange ich lebe im Haus des Herrn zu sein, um seine Freundlichkeit zu sehen und in seinem Tempel still zu werden.“ David wollte nahe bei Gott sein, um ihn kennenzulernen, ihn zu lieben und sein Angesicht zu sehen. David sehnte sich wirklich nach Gott. Aus seinen Psalmen geht hervor, dass ihn nichts davon abhalten konnte, Gott kennenzulernen.

David hatte viele Zeiten der Ruhelosigkeit in seinem Leben. Doch solange seine Sehnsucht nach Gott für ihn im Mittelpunkt stand, hielt er diese Zeiten durch und wurde durch sie nur stärker. Doch wenn sein Hauptaugenmerk nicht mehr Gott galt und er sich nach anderen Dingen sehnte – zum Beispiel nach der Frau eines anderen Mannes oder nach der Sicherheit, die ihm die Zahl seiner Kämpfer verlieh –, handelte er unklug und beschwor schwerwiegende Folgen für andere herauf.[39]

Das galt auch für Abraham. Wenn Gott für ihn nicht mehr im Mittelpunkt stand und er eigene Wege ging, hatte das drastische Folgen für viele Menschen. Das Gleiche geschieht auch heute, wenn Frauen unruhig werden und Gottes Rat nicht mehr befolgen. Das Ergebnis: Viele Menschen gehen verletzt durchs Leben.

Meine Freundin Pam berät oft Frauen in der „Midlife-Crisis“ oder in Zeiten der Ruhelosigkeit. Dabei hört sie sich zunächst die Probleme ihrer jeweiligen Klientin an (meistens im Zusammenhang mit dem Versagen ihres Ehemannes). Dann erklärt Pam dieser Frau, dass sie in diesem ausschlaggebenden Augenblick auf Gott schauen und erwarten kann, dass er ihre Bedürfnisse befriedigt und dass ihr Leben dadurch reicher und stärker wird. Sie kann sich aber auch von Gott abwenden und nach anderen Möglichkeiten zur Befriedigung ihrer Bedürfnisse suchen. In diesem Fall sieht dann die Sünde rechtmäßig aus und das Unlogische wird für sie plötzlich logisch.

An dieser Stelle spricht Pam ganz offen über die verschiedenen Möglichkeiten, damit sich die Frau, die in ihrer verzweifelten Sehnsucht drastische Schritte ins Auge fasst, wirklich bewusst wird, worum es geht.

Pam erklärt: „Ich frage sie: Was ist Ihnen lieber? Erste Möglichkeit: Bringen Sie Ihre Einsamkeit vor Gott, lassen Sie ihn Ihre Bedürfnisse erfüllen und Ihr Leben und das Ihrer Kinder segnen, indem Sie sich von ihm prägen lassen. Zweite Möglichkeit: Beginnen

Sie eine Affäre. Ihre Kinder müssen dann mit den verheerenden Folgen einer Scheidung zurechtkommen, sowie mit der ernüchternden Erkenntnis, dass ihre Mutter eine Heuchlerin ist. Wenn Sie aus Ihrer Wohnung ausziehen müssen, verlieren die Kinder ihre Heimat, ihre Freunde, ihre Kirche und die Unterstützung der Gemeinde. Dadurch können sie den Glauben an Erwachsene, Autoritätspersonen und vielleicht sogar an Gott verlieren. Das kann dazu führen, dass auch Ihre Kinder schlechte Entscheidungen treffen und versuchen, die Leere in ihrer Seele mit Sex, Drogen oder anderen schädlichen Lebensweisen zu füllen. Wenn Sie dann Ihre Bedürfnisse erfüllt haben, wird die Beziehung höchstwahrscheinlich nicht halten, weil die Affäre nicht Gottes Wille ist, und dann fühlen sie sich wieder einsam. Bis dahin sind Sie möglicherweise finanziell ruiniert und haben noch dazu einen straffälligen Jugendlichen am Hals."

Das mag extrem klingen, aber viele Berater – einschließlich Pam – haben dieses Szenario immer und immer wieder erlebt. Und oft liegt der Grund darin, dass eine Frau sich nach etwas anderem als nach Gott sehnt.

„Wenn man die beiden Möglichkeiten einander gegenüberstellt, scheint die richtige Antwort auf der Hand zu liegen: Gehen Sie mit Ihrer Ruhelosigkeit zu Gott", rät Pam.

Natürlich weiß ich, dass Sie in Zeiten der Ruhelosigkeit höchstwahrscheinlich nicht an solch drastische Schritte denken (wie eine Affäre oder etwas ähnlich Dummes). Aber da wir Frauen so oft von anderen Menschen, Medien und sogar dem Dunkel unserer eigenen Seele mit solchen Ideen bombardiert werden, wollte ich das Thema streifen. Manchmal kann sich ein Gedanke ganz langsam breitmachen, und wenn man ihm erst freien Lauf lässt, kann daraus eine Sehnsucht entstehen, die sich tief im Herzen festsetzt.

Die Sehnsucht deuten

Goethe sagte einmal: „Jedes menschliche Sehnen ist in Wirklichkeit ein Sehnen nach Gott." Das leuchtet ein. Wenn wir jung sind und auf die wahre Liebe und einen Mann zum Heiraten hoffen, dann würden wir diese Zeit besser überstehen und stärker werden, wenn wir uns mehr nach Gott sehnen würden als nach einem Geliebten.

Wenn wir versuchen, Kinder zu bekommen und vielleicht mit Unfruchtbarkeit zu kämpfen haben, würden wir in dieser Zeit geistlich stärker werden, wenn wir uns bewusst machten, dass Gott uns zeigen will, dass wir nicht – und vor allem nicht sofort – alles haben können, was wir uns wünschen.

Wenn wir krank sind oder kranke, alte Eltern pflegen, können wir aus unserer Ruhelosigkeit den Wunsch entstehen lassen, zu lernen, was Gott uns über seine Gnade beibringen will, die uns durch alles hindurchtragen kann, was uns begegnet.

Wenn wir in der zweiten Lebenshälfte Probleme mit dem leeren Nest oder einem alternden Körper haben oder wenn uns Gefühle der Ruhelosigkeit beim Eintritt in den Ruhestand quälen, dann sollten wir dankbar sein, dass Gott uns so lange leben ließ.

Für Hilda ist der Ruhestand ein ganz anderes, gemächlicheres Leben. Sie klagt aber nicht darüber, dass nichts mehr so ist wie früher, sondern sieht darin die Belohnung ihres himmlischen Vaters dafür, dass sie jahrelang treue Arbeit geleistet und ihren Kindern Gott nahegebracht hat. In dieser Phase möchte sie Zeit mit ihren Enkeln verbringen, auf Gott vertrauen und in ihrer Hingabe an ihn wachsen. Ich bete, dass ich auch einmal diesen Standpunkt einnehmen kann, wenn ich diesen Lebensabschnitt erreicht habe!

Ich habe bereits erwähnt, dass ich mich zu einem bestimmten Zeitpunkt meines Lebens nach einem Mann sehnte. Doch was ich wirklich wollte, war geliebt zu werden … und später lernte ich, dass wirkliche Erfüllung nur durch eine enge Beziehung zu Gott möglich ist. Ich habe auch erzählt, dass ich mir sehnlichst ein zweites

Kind wünschte. Doch was ich wirklich wollte, war einen „nächsten Schritt“ in die Richtung zu gehen, die ich für mein Leben für richtig hielt (nicht viele Eltern wünschen sich nur ein einziges Kind). Doch dieser „nächste Schritt“ war kein zweites Kind, sondern eine größere Abhängigkeit von Gott. Seit Kurzem sehne ich mich nach etwas mehr Ruhe in meinem Leben – ich möchte eine Zeit lang meine vielen Pflichten hinter mir lassen und einfach für mich sein (für eine extrovertierte Frau wie mich ziemlich ungewöhnlich!). Aber was dahintersteckt: Ich wünsche mir tatsächlich sehnlichst eine tiefere Beziehung zu Gott, die nur aus der Stille und der ungestörten Zeit zu seinen Füßen entsteht.

Karen durchlebte fünf Jahre lang eine Zeit der Ruhelosigkeit und der Sehnsüchte. Sie bekam drei Kinder innerhalb von drei Jahren, hatte gesundheitliche Probleme, und auch ihre Kinder waren oft krank. Dann wechselte ihr Mann seine Arbeitsstelle und wurde Pastor. Sie litt darunter, dass die finanziellen Engpässe immer bedrohlicher wurden, und musste sich damit auseinandersetzen, dass sie von einer der Leiterinnen der Frauenarbeit in der Kirchengemeinde verbal angegriffen wurde. Sie ist erleichtert, dass diese unglückliche Zeit jetzt vorbei ist. Doch sie gibt zu, dass sie dabei gewachsen und reifer geworden ist.

„Es war hilfreich, dass ich älter geworden bin und mehr Erfahrungen mit den Höhen und Tiefen des Lebens habe“, berichtete sie. „Inzwischen weiß ich: Wenn man den Eindruck hat, dass Gott schweigt und nichts tut, dann geht diese Zeit vorüber; und wenn seine Zeit gekommen ist, dann ist er auch wieder da. Ich versuche, die Tiefen heil zu überstehen und bin fest davon überzeugt, dass sie vorbeigehen. Dabei versuche ich, möglichst viel zu lernen und nicht hart mit mir ins Gericht zu gehen, wenn ich etwas vermasselt habe. Wenn Gott schweigt, ist er vielleicht noch nicht bereit, mit mir zu sprechen. Anderen Frauen in ähnlichen Situationen rate ich, abzuwarten und auf Gott zu vertrauen. Er ist für Sie da!“

Meine Freundin Barbara, die auch schwierige Zeiten der Einsamkeit durchgemacht hat, erklärt: „Unsere Einsamkeit und Ruhelosigkeit sind wie Warnlichter, die uns auf etwas aufmerksam machen wollen. Und wenn wir erkennen, dass dies eine besondere Zeit ist (in der Gott uns näher zu sich ziehen will), dann kehren Freude und innerer Friede bei uns ein. Dabei brauchen wir nur auf Gott zu warten und ihm zur Verfügung zu stehen. Diese Zeit ist kostbar, denn Gott möchte uns etwas mitteilen und eine Beziehung zu uns aufnehmen. Dadurch wird unser Leben bereichert und die Leere der Einsamkeit ausgefüllt."

Auf Gott warten

Christi Kari erinnert sich an die Zeit, in der dieses Warnlicht in ihrem Leben aufleuchtete. Fünf Jahre nach ihrer Hochzeit wurde sie Christ und war von der neuen Beziehung zu Gott begeistert. Sie war aber auch sehr unruhig, weil sie in diesen fünf Jahren kein Kind bekommen konnte. Weitere drei Jahre vergingen mit Fruchtbarkeitstests und Behandlungen, und sie verlor die Hoffnung, dass Gott ihren Herzenswunsch (ein Baby) erfüllt. Sie dachte, sie könnte eventuell herausbekommen, warum Gott ihr kein Kind schenkt, wenn sie ihn besser kennenlernt. Also nahm sie an einem kleinen Bibelkreis ihrer Kirche teil. Dort wurde ihr bewusst, dass sie sich nach einem Kind sehnte und nicht nach Gott, wie es eigentlich sein sollte.

„Rund um die Uhr war ich auf das fixiert, was ich nicht hatte", gestand sie. „Ich hatte meine Augen von Gott abgewandt und schaute nur noch auf mich selbst und meinen sehnlichsten Wunsch, Mutter zu werden."

Als eine enge Freundin Christi damit konfrontierte, dass ihr etwas anderes als Gott wichtiger war, tat Christi Buße und begann, sich nach Gott alleine zu sehnen. Doch das Baby kam immer noch nicht. Zwei Jahre danach war Christis Mann schließlich damit einverstanden, ein Kind zu adoptieren, und Christi dachte, dass sie jetzt endlich die Belohnung für ihr langes Warten von Gott erhalten würde. Ein Jahr später wurden sie von einer schwangeren Frau als Adoptiveltern „ausgewählt". Nach der Geburt ihres Adoptivkindes wurden sie aufgefordert, ins Krankenhaus zu fahren und ihr Geschenk von Gott abzuholen. Doch auf dem Weg zum Krankenhaus, mit all ihren Hoffnungen und den Babysachen im Auto, erhielten sie einen Anruf auf dem Handy, dass die leibliche Mutter es sich anders überlegt hat und ihr Baby behalten will. Christi und ihr Mann kehrten nach Hause zurück – ohne Kind und fast am Boden zerstört.

Christi musste sich daran festhalten, dass ihr himmlischer Vater allmächtig, liebevoll und gut ist und dass er weiß, was er tut. Sie fasste den Entschluss, nicht zu glauben, dass Gott ihr einen Köder (oder in diesem Fall ein Baby) vor die Nase hält und dann schnell wieder wegzieht. Sie beschloss, sich in ihrer Frustration und Traurigkeit zu keiner Verzweiflungstat hinreißen zu lassen. Bald danach sprach sie bei einer Veranstaltung für Frauen in ihrer Kirche über ihre Erfahrungen mit Kinderlosigkeit. Obwohl Christi nicht über ihren Schmerz und die Enttäuschung sprechen wollte, tat sie es, weil sie es für richtig hielt und Gott damit ehren wollte. Sie erzählte ihre Geschichte und sprach von Gottes Güte, die sie trotz der Enttäuschung und dem Schmerz, dass sie immer noch kein Baby hatte, erlebt hatte. Eine Woche danach legte Gott ihr völlig unerwartet ein kleines Mädchen in die Arme.

„Neun Jahre lang habe ich Gott um ein Wunder gebeten. Er hat es mir gegeben, aber nach seinem Willen und zu seiner Zeit, nicht nach meinen Plänen", bezeugt Christi. „Er hat erst die Götzen in meinem Leben bekämpfen müssen, wie meinen Stolz, meine eigenen Pläne oder meine Selbstsicherheit, bis er wirklich mein einziger Gott war. Erst dann hat er mir meinen Herzenswunsch erfüllen können."

Gott wollte Christis höchste Sehnsucht sein. Er wollte der Einzige sein, nach dem sie sich sehnte.

Heute ist Christi Mutter von zwei Adoptivkindern und arbeitet in einer kirchlichen Gruppe für Frauen mit, die sich mit Unfruchtbarkeit herumquälen. Mit ihrem einfühlsamen Wesen ermutigt Christi die verzweifelten und unruhigen Frauen, ihre Sehnsucht auf Gott zu richten, damit ihr Herz einzig und alleine seine Nähe sucht.[40]

Praktische Umsetzung

Wie können wir sicherstellen, dass wir uns nach Gott sehnen, wenn diese unvermeidlichen Zeiten der Ruhelosigkeit unser Leben bestürmen? Wie können wir uns gegen eine zerstörerische Sehnsucht wehren und sie in eine gesunde Sehnsucht nach Gott umwandeln? Frauen, die vor mir in die Wüste der Ruhelosigkeit gewandert sind, haben mir diese weisen Worte geschrieben:

Hören Sie auf Ihren Verstand, nicht auf Ihr Herz. Höre auf dein Herz – so lautet eine der Lügen, die uns von Liedern, Filmen und der modernen Zivilisation eingeflüstert werden. Dieses Thema wird in Filmen behandelt, in denen Frauen ihre Habseligkeiten zusammenraffen und sich mit dem Mann ihrer Träume aus dem Staub machen, weil sie darin erst ihr wahres Glück finden. In Filmen mit einem traurigen Ende wie „Die Brücken am Fluss“ und „Verschollen“ werden die Frauen, die sich gegen eine Affäre entscheiden und bei ihrem Mann und ihren Kindern bleiben, oft dafür bemitleidet, dass sie „das Richtige“ tun (und wir sollen glauben, dass sie diese Entscheidung für den Rest ihres Lebens mit einem öden Alltag bezahlen – ohne die prickelnde Erregung, die sie hätten erfahren können). Wer will schon so leben? Kein Wunder, dass uns die Aufforderung, auf unser Herz zu hören, so gut gefällt.

Das Hören auf das Herz ist aber problematisch, wie wir in Jeremia 17,9 lesen: „Nichts auf dieser Welt ist so hinterhältig und verschlagen wie das Herz des Menschen. Wer kann es durchschauen?“ Zu oft will unser Herz das, was wir wollen, und nicht das, was Gott will.

Glücklicherweise hörte meine Freundin Valerie schließlich auf ihren Verstand und nicht auf ihr Herz. Sie erkannte, dass die Stimmen, die sie hörte, Lügen von außen oder aus ihrem eigenen Herzen sind und nichts mit dem zu tun haben, was „anständig und gerecht … rein und liebenswert und bewunderungswürdig ist" (Philipper 4,8). Loben Sie Gott für die Wahrheit seiner Worte und seinen Heiligen Geist, der unser Herz und unseren Verstand bewegen kann! Valerie hat auf Gottes Aussagen und den Heiligen Geist gehört, und ich bin davon überzeugt, dass ihr Mann, ihre Kinder, ihre Freunde, ihre Familie, ihre Kirchengemeinde und Jesus ihr eines Tages dafür danken werden.

Wir dürfen auf unseren Verstand hören, wenn wir die Wahrheit von Gottes Wort, das die flüchtigen Gefühle in unserem Herzen auffängt, im Gedächtnis haben.

Suchen Sie sich den richtigen Freundeskreis. Eine Freundin von mir, die auch Autorin und Rednerin ist, hat einige Absicherungen in ihr Leben eingebaut, damit sie sich in bestimmten Zeiten des Lebens nicht unüberlegt in etwas stürzt.

„Ich suche nach Frauen, die stark auf Gebieten sind, in denen ich schwach bin", berichtet sie. „Wenn ich mich mit solchen Frauen umgebe, baue ich einen Schutzzaun um mein Leben. Zum Beispiel neige ich dazu, auf das Gefühl von Verlassenheit emotional zu reagieren. Deshalb umgebe ich mich mit Frauen, die Verlassenheit wirklich erfahren haben und dabei Gott um Kraft gebeten haben. Ich habe eine Freundin, die im Alter von sieben Jahren von ihrer leiblichen Mutter verlassen wurde. Im Grundschulalter wurde sie dann von ihrer Stiefmutter verlassen, und als sie sechzehn Jahre alt war, starb ihr Vater an einer Überdosis Drogen. Im Alter von sechzehn Jahren war sie finanziell auf sich alleine gestellt! Ich bin auch mit mehreren Witwen, einigen Frauen, die Kinder verloren haben, und Frauen, deren Mann sich mit einer anderen Frau aus dem Staub gemacht hat oder die Opfer häuslicher Gewalt wurden, befreundet. Diese Frauen wissen wirklich, was es bedeutet, einsam zu sein. Ich möchte, dass sie Teil meines Lebens sind, weil sie mir den Blick dafür öffnen, die Dinge im richtigen Verhältnis zu sehen. Ich weiß, dass ich mit ihnen über meine Probleme sprechen kann und dass sie meine Augen wieder auf Gott ausrichten können, weil sie selber schon diesen Weg gegangen sind. Außerdem stehe ich weniger in Gefahr, in Selbstmitleid zu versinken, wenn ich Frauen kenne, die zu bestimmten Zeiten ihres Lebens tatsächlich einsam waren und von Gott Kraft erhalten haben. Wenn ich meinen inneren Schmerz mit ihren Krisen vergleiche, sieht mein Leben wieder leichter aus und ich finde schneller Antworten auf meine Fragen."

Gibt es Frauen, mit denen Sie regelmäßig in Kontakt sein können, die Ihnen helfen, Ihre Zeiten der Einsamkeit im richtigen Verhältnis zu sehen, und die Sie auf den Boden der Tatsachen zurückbringen, wenn Sie sich am liebsten aus dem Staub machen würden?

Ich selbst habe mich schon gefragt, welche Frauen ich in meinem nächsten Lebensabschnitt um mich herum haben möchte. Ich bin dankbar, dass Edie meine Freundin ist, denn sollte ich einmal Krebs bekommen, hat sie das schon durchgemacht, und ich weiß, dass sie dann für mich da sein wird. Sollte ich einmal meinen Vater oder meine Mutter pflegen müssen, oder wenn meine Eltern sterben, so hat sie das auch schon erlebt und weiß, was sie sagen kann, um mir durchzuhelfen.

Ich kenne auch Frauen, die eine Tochter verloren haben. Sollte ich jemals durch diese Wüste wandern müssen, so weiß ich, dass sie verstehen, was ich durchmache. In diesem Fall würden sie alles stehen und liegen lassen, um mir zur Seite zu stehen.

Die Bibel sagt uns, dass zwei es besser haben als einer allein, denn wenn eine Frau hinfällt (oder eine Zeit der Ruhelosigkeit durchmacht, in der sie versucht ist, vom rechten Weg abzukommen), kann ihre Freundin ihr aufhelfen (Prediger 4,9-10). „Doch wie schlecht ist der dran, der allein ist und fällt, und keiner ist da, der ihm [ihr] beim Aufstehen hilft!" (Vers 10). Wir lesen weiter: „Ein Einzelner kann leicht von hinten angegriffen und [von Versuchungen oder zerstörerischen Sehnsüchten] niedergeschlagen werden; zwei, die zusammenhalten, wehren den Überfall ab. Und: Ein dreifaches Seil kann man kaum zerreißen" (Prediger 4,12). Wenn Sie sich auf Ihre künftigen Lebensabschnitte vorbereiten, dann versuchen Sie, „zusätzliche Schnüre" in Ihr Seil einzuweben, indem Sie Kontakt zu geistlich starken Frauen suchen.

Sehnen Sie sich nach Gott, bevor die innere Unruhe auf Sie einstürmt. In Psalm 84,12 steht, dass Gott Sonne und Schild ist. Er ist Sonne, weil er uns leitet und unseren Weg erhellt, und er ist Schild, weil er uns schützt. Aber er ist nur so lange unsere Sonne und unser Schild, wie wir ihm die Führung überlassen. Wenn wir uns gegen ihn auflehnen, weisen wir sein Licht und seinen Schutz zurück. Wollen Sie ohne seine Leitung und ohne seinen Schutz leben? Dieses Risiko gehen Sie ein, wenn Sie sich von ihm weglocken lassen. Wenn Sie sich aufrichtig nach ihm sehnen, wird er ihre Festung und ihr Freund sein.

Beten Sie um eine Liebe zu Gott, die täglich tiefer wird. In 1. Johannes 5,14-15 wird uns zugesagt: Wenn wir ihn um etwas bitten, das seinem Willen entspricht, dann dürfen wir zuversichtlich sein, dass er uns erhört und gibt, worum wir bitten. Um etwas zu bitten, das seinem Willen entspricht, ist eine Bitte, die Jesus auch hatte. Wenn wir um eine Liebe zu Gott bitten, die höher ist als alles andere, dann bitten wir Gott um etwas, das er uns schenken wird, weil er es versprochen hat. Wollen Sie nicht heute damit anfangen? Bitten sie darum, dass Gott Ihr Herz mit einer Sehnsucht nach ihm allein füllt. Dadurch machen Sie sich immun gegen die Sehnsüchte und Launen der Welt. Sie legen dann den Schild an, der sie vor den Stürmen der Ruhelosigkeit schützt, die vielleicht bald einsetzen.

Geben Sie Ihr Wunschdenken auf. Unsere Wünsche nehmen uns schnell gefangen und wir denken: „Wenn ich doch nur einen Mann hätte! Wenn ich nur einen anderen Mann hätte! Wenn ich doch nur noch hätte, was ich verloren habe! Wenn mein Leben doch nur etwas abwechslungsreicher wäre!" Aber solche Gedanken sind gefährlich. Denn sie richten uns auf etwas anderes als auf Gott aus.

Im 5. Kapitel des Johannesevangeliums lesen wir, dass Jesus in Jerusalem einen Hof betrat, in dem viele Menschen mit den verschiedensten Krankheiten um einen Teich herum lagen. Dieser Teich, der Bethesda hieß, wurde wahrscheinlich von einer Mineralquelle außerhalb der Stadt gespeist. Man sagte ihrem Wasser heilende Kräfte nach. Gerüchten zufolge kam von Zeit zu Zeit ein Engel und bewegte das Wasser. Und wer dann als Erster in das Wasser sprang, wurde gesund. Ob tatsächlich jemand gesund wurde, sei einmal dahingestellt, aber wir wissen, dass viele Menschen am Rand des Teiches warteten und darauf hofften, geheilt zu werden.

Als Jesus ankam, sah er einen gelähmten Mann, der schon seit 38 Jahren neben diesem Teich lag. Jesus fragte ihn, ob er gesund werden wollte. Doch der Mann beantwortete diese Frage gar nicht. Er rechtfertigte sich stattdessen dafür, dass er immer noch am Teichufer lag. Der Mann ahnte nicht, dass der große Heiler neben ihm stand und ihm gerade angeboten hatte, ihn gesund zu machen. Jesus war fest entschlossen, diesem Mann zu helfen, und befahl ihm, aufzustehen, seine Matte zu nehmen und wegzugehen. Als der Mann Jesus gehorchte, entdeckte er, dass er stehen und gehen konnte (Johannes 5,1–9).

Auch wir haben häufig einen Teich Bethesda in unserem Leben. Manchmal verharren wir in unseren Erwartungen und glauben, dass wir glücklicher wären, wenn jemand käme und die Dinge in unserem Leben bewegen würde. Wenn wir nicht aufpassen, können wir wie der gelähmte Mann werden und jahrelang festsitzen! Jesus will nicht, dass wir so leben. Er hat uns zu etwas Besserem geschaffen! Er will uns von Orten falscher Erwartungen in die Wirklichkeit eines Lebens an seiner Seite führen, das alles bietet, was wir brauchen.

Sehen Sie, dass derselbe Heiler, der zum Teich Bethesda ging, auch Ihnen helfen will? Er möchte, dass Sie aufstehen und Ihre enttäuschten Hoffnungen hinter sich lassen; dass Sie sich von allen zerschlagenen Träumen, die Ihnen nur Ihre Kraft rauben, abwenden; dass Sie den See der Ruhelosigkeit, der Sie im Bann hält, verlassen. Er will Ihnen helfen, aufzustehen und sich allen Stürmen Ihres Lebens zu stellen. Sie müssen nur erkennen, dass er der Weg zu echter Hilfe ist. Er ist die Wahrheit inmitten von Lügen, und er ist das Leben, das unsere Seele mit Hoffnung erfüllt (Johannes 14,6). Und falls Sie es immer noch nicht glauben können: Jesus ist wirklich die einzige Quelle, aus der lebendiges Wasser fließt, das uns heilen und unserer Seele Frieden schenken kann.

Machen Sie das Beste daraus! Sind Sie bereit, Ihren derzeitigen Lebensabschnitt nicht nur hinter sich zu bringen, sondern sogar das Beste daraus zu machen? Dann stehen Sie auf, packen Sie Ihre Matte falscher Erwartungen und wenden Sie sich an den einen, der Ihr Leben, Ihre Pläne und Ihr Schicksal in Händen hält. Es gibt keinen besseren Ort!

Diese Worte aus Psalm 62 können Sie ermutigen, wenn Sie aufbrechen, um Gott zu folgen und den Teich der Ruhelosigkeit zu verlassen:

Auf Gott allein vertraue ich fest (nicht auf die anderen Dinge, die ich mir wünsche), denn von ihm kommt meine Rettung. Er allein ist mein Fels und meine Hilfe, meine Burg, in der mir nichts geschehen kann (Psalm 62,2-3).

Wie wunderbar, wenn man das sagen kann: Mir kann nichts geschehen. Nichts kann mir etwas anhaben – selbst wenn ich verlassen werden sollte, wenn mir eine Scheidung droht oder wenn mich die Sehnsucht nach irgendetwas packt. Nichts kann mir geschehen, weil Gott mich festhält, … weil ich fest auf Gott vertraue.

In den folgenden Versen spricht David von Versuchungen, die über ihn herfallen und ihn zu Boden werfen wollen. Dann gibt er sich selbst den Rat: „Ich will fest auf Gott vertrauen, denn er ist meine Hoffnung. … Meine Rettung und meine Ehre kommen allein von Gott. Er ist meine Zuflucht, ein sicherer Fels“ (Psalm 62,6-8).

Sie müssen verstehen, dass Ihre Ehre wirklich nur von Gott abhängt. Denn wir können gewaltige Schnitzer machen, wenn wir in den Zeiten der Ruhelosigkeit und den damit einhergehenden Versuchungen nicht fest in ihm gegründet sind.

Schauen Sie, wie David sein Lied beendet: Es klingt wie eine Zusammenfassung der besten Ratschläge, die er in seinem Leben erhalten hat: „Gott hat klar und deutlich gesprochen, viele Male habe ich gehört: Du allein, Gott, hast alle Macht, und du, Herr, bist gnädig. Du wirst jeden Menschen nach seinen Taten richten“ (Psalm 62,12-13).

Das sollten wir nie vergessen. Gott hat alle Macht und kann uns durch alles hindurchbringen. Er ist liebevoll und gnädig. Er lässt nicht zu, dass etwas geschieht, das nicht zum Besten für unsere Ewigkeit wird. Wenn wir fest daran glauben, dass Gott alle Macht hat und liebevoll und gnädig ist, können wir jede Zeit in unserem Leben ertragen! Denn wir leben in der Hoffnung, dass er uns belohnt. Und vielleicht wird diese Belohnung ein Herz sein, das sich allein nach Gott sehnt.

Zum Weiterdenken:

- *Wissen Sie, wer Ihr Schutzzaun in den Momenten sein könnte, wenn Sie sich innerlich umgetrieben fühlen? Machen Sie eine Liste, wie diese Frauen sein müssten, um Sie zu begleiten und auf Kurs zu halten. Bitten Sie Gott, dass er solche Frauen in Ihr Leben bringt.*
- *Oder können Sie sogar Namen nennen, weil diese Personen das schon tun? Dann danken Sie Gott dafür, dass Sie diese Frauen kennen. Und lassen Sie es diese Frauen wissen, was*

sie Ihnen für Ihr geistliches Wachstum bedeuten. Mit einer schönen Karte zum Beispiel.

- *Gibt es da diese eine Sache, nach der Sie Verlangen haben? Bitten Sie Gott, dass er Ihre Sehnsucht umwandelt und Sie Ihr Verlangen auf ihn richten können. Er ist der Einzige, der Ihre Bedürfnisse nachhaltig stillen kann – und will.*
- *Sehen Sie sich dann an, wie David in Psalm 13 mit so einer Situation umgeht. Inwiefern verschiebt sich Davids Fokus, sodass sich seine Klage in Dank verwandelt? Könnten Sie aus seinem Umgang mit rastlosen Zeiten Nutzen für sich selbst ziehen?*

Kapitel 9

Einsam beim Träumen von der Zukunft: Gottes Beistand erleben

MELISSA war außer sich vor Begeisterung. Ihr Traum, ein Heim für alleinerziehende Mütter zu eröffnen, begann Wirklichkeit zu werden. Sie war sicher, dass Gott ihr diese Aufgabe ans Herz gelegt hatte. Von allen Seiten versprach man ihr begeistert Hilfe, Gebet und finanzielle Unterstützung. Eine Frau aus ihrer Kirchengemeinde wollte ihr ein Haus mit sieben Schlafzimmern vermieten und bei der Arbeit helfen. Jemand bot ihr an, einen Haushaltsplan für das Projekt zu erstellen. Andere wollten beim Papierkram helfen, um den Antrag auf die Anerkennung als gemeinnütziges Projekt zu stellen. Als sich die Frage der Finanzierung stellte, ergab es sich, dass Melissa in einem der Zimmer des Heims einen Second-Hand-Laden eröffnen konnte, dessen Einnahmen für das Projekt bestimmt sein sollten.

Doch innerhalb von zwei Monaten verlor die Frau, die das Haus an Melissa vermietete, ihr Interesse an dem Heim und dem Second-Hand-Laden. Die Person, die den Haushaltsplan erstellen wollte, zog sich ebenfalls zurück, und die Frau, die mit den Papieren und dem Antrag auf Anerkennung der Gemeinnützigkeit helfen wollte, wurde krank. Innerhalb kürzester Zeit stand Melissa, die überall auf Begeisterung und Unterstützung gestoßen war, mit ihrem Traum alleine da. Nachdem sie ihr Unterstützungssystem und alle Menschen, die mitarbeiten wollten, verloren hatte, fragte sie sich, ob sie diesen Traum nicht besser ganz und gar aufgeben sollte.

Dann fiel ihr ein, wer ihr diese Aufgabe gegeben hatte. „Ich habe mich gründlich mit der Frage auseinandergesetzt, ob ich die Mittel habe, diesen Traum durchzuziehen oder nicht“, berichtete sie. „Schließlich habe ich mich entschieden, weiterzumachen.“

Sie hatte die Mittel. Aber nicht, weil sie finanziell abgesichert war oder weil ihr andere versprochen hatten, einzuspringen. Sie konnte weitermachen, weil Gott, der ihr diesen Traum ans Herz gelegt hatte, dafür sorgen würde, dass sie alles bekam, was sie brauchte. „Meine Mutter hat mich darauf hingewiesen, dass ich die Verantwortung trage und sonst niemand. Deshalb kann ich nicht erwarten, dass irgendjemand Verständnis dafür aufbringt“, erzählte Melissa. „Gott hat mir dieses Projekt ans Herz gelegt, und ich habe mich auf Gott verlassen müssen.“ Das tat Melissa und entdeckte, dass Gott treu ist. Ihr ist auch klar geworden, dass Gott, der ihr diesen Traum ins Ohr geflüstert hat, auch dafür sorgt, dass er wahr wird.

Als ich das letzte Mal mit Melissa sprach, stellte „Hannah's Inn Ministries“ (H.I.M., was auch die Abkürzung für „Hilfe für Mütter und Kinder“ ist) immer noch Plätze für alleinstehende Mütter und ihre Babys zur Verfügung. Es gab Monate, in denen das Geld kaum für die Miete ausreichte, doch es konnte immer alles bezahlt werden. Gott hat Türen geöffnet und einen Traum Wirklichkeit werden lassen.

Und er hat Melissa auf ihrem einsamen Weg Kraft gegeben. „Wenn ich mein Hauptaugenmerk auf Menschen richte, werde ich entmutigt, niedergeschlagen und möchte aufgeben“, berichtet sie. Wenn sie aber auf Gott schaut, erkennt sie, dass er durch sie das bewirken kann, was ihre eigenen Fähigkeiten übersteigt.

„Aufgrund der Erfahrung, des Wissens und der geistlichen Entwicklung, die ich durch all das gewonnen habe, bin ich stärker geworden. Ich weiß, dass ich meinen Traum alleine wahrmachen muss, aber innerlich bin ich nie einsam. Ich kann damit umgehen, dass kein Mensch Verständnis für mich aufbringt, denn ich weiß, dass Gott mich versteht. Es hat einige Zeit gedauert, bis mir klar geworden ist, dass ich niemanden mit einem Haus oder einem Haushaltsplan brauche. Ich brauche kein Geld und kein Unterstützungssystem, wenn keines da ist. Alles, was ich brauche, ist Gott; alles andere ist in seiner Hand. Ich bin so dankbar, dass ich das mit 27 und nicht erst mit 57 Jahren gelernt habe!“

Es gehört zu Melissas Leben, alleine ihren Traum zu leben. Aber sie hat erkannt, dass sie nicht wirklich alleine ist. Es geht jemand vor ihr her, der jede Kleinigkeit ausarbeitet, für die Regelungen hinter den Kulissen sorgt und ihr – immer gerade rechtzeitig – versichert, dass sie nach seinem Plan leben und die Träume verwirklichen kann, die er ihr ans Herz gelegt hat.

Pams Ziel

Pam Workman hatte auch einen Traum. Aber um den umzusetzen, brauchte sie kein Geld, keine Menschen und kein Haus. Sie brauchte etwas, das Menschen ihr nicht geben konnten: eine gehörige Portion Selbstvertrauen, damit sie über ihre Vergangenheit, ihre Unsicherheiten und alle Hindernisse hinauswachsen konnte, um das zu tun, wozu Gott sie berufen hatte. Pam war 37 Jahre alt und folgte Jesus erst seit drei Jahren nach. Ihr wurde klar, dass eine Frauenarbeit in ihrer Kirche gebraucht wird, damit Frauen aller Altersgruppen ihre Gaben für Gott einsetzen konnten.

Pam hatte mit mehreren Mauern zu kämpfen. Da war zunächst die Mauer des Widerstandes: Es war nicht leicht, in einer fast hundert Jahre alten Kirchengemeinde etwas Neues einzuführen. Veränderungen waren schwierig, und oft sträubten sich die Mitglieder. Dann musste sie gegen die Mauer der Einschüchterung kämpfen. Für wen hielt sie sich eigentlich? Wie konnte sie solch eine Änderung vorschlagen und auch noch selbst in die Wege leiten wollen? Sie war so neu im Glauben und besaß gar nicht die Erfahrung, die sie für so etwas brauchte. Dann war da noch die Mauer der Unsicherheit: Als Kind wurde sie körperlich und seelisch missbraucht, mit achtzehn Jahren heiratete sie, weil sie schwanger war. Die folgenden fünfzehn

Jahre tat sie alles, um ihre Sehnsucht nach Leben zu stillen und fühlte sich doch immer einsam, unzulänglich und völlig untauglich, irgendetwas zustande zu bringen.

Doch jetzt liebte Pam Gott. Und Gott schenkte ihr die Liebe für andere Frauen und den Wunsch, etwas für sie zu tun. Deshalb gab Pam sich einen Ruck und wandte sich mit dem Wunsch, eine Frauenarbeit zu beginnen, an ihren Pastor. Sie erinnert sich, dass sie sich bei diesem Vorschlag wirklich sehr einsam fühlte.

„Es war eine Sache zwischen mir und Gott. Ich wollte in unserer Kirchengemeinde etwas Neues anfangen. Doch manchmal kommen Änderungen nicht gut an, insbesondere von jemandem wie mir, die eine gewisse Vergangenheit, aber keine Erfahrung hat. Ich habe nicht einmal den Realschulabschluss. Ich habe Todesängste ausgestanden. Vor anderen zu sprechen, war nie meine Sache, und ich habe noch nie einen Gesprächskreis geleitet!"

Außerdem musste sie sich mit den Stimmen in ihrem Kopf auseinandersetzen, die ihr keine Ruhe ließen und ständig um ihre Vergangenheit kreisten: „Warum willst ausgerechnet du das machen? Die Leute wissen, wie du früher gelebt hast. Wie können sie sicher sein, dass du dich geändert hast? Niemand unterstützt dich in dieser Sache. Du kannst das unmöglich alleine durchziehen."

Doch Pam wusste, dass sie nicht alleine war. „In meinem Herzen habe ich gewusst, dass Gott will, dass ich es tue. Aber es war, als würde eine Kassette mit meinen alten Glaubenssätzen in meinem Gehirn abgespielt werden, die mir einreden wollten, dass ich ungeeignet bin und es sowieso nicht kann. Immer und immer wieder drehten sich meine Gedanken um meine Vergangenheit. Außerdem war ich auch erst seit drei Jahren gläubig. Doch ich habe gedacht, wenn Gott will, dass ich es tue, dann macht er es auch möglich."

Und das tat er. Pam bekam eine bezahlte Stelle als Leiterin der Frauenarbeit in ihrer Kirchengemeinde. Mehrere Frauen arbeiteten in ihrem Team mit, und innerhalb weniger Jahre hatte sich in ihrer Kirche eine blühende Frauenarbeit entwickelt.

Doch fünf Jahre später verließ der Pastor, der Pam angestellt und ihr Selbstvertrauen gestärkt hatte, die Kirchengemeinde. Mit ihm gingen der Jugendpastor und drei Frauen aus Pams Leitungsteam. Eine Zeitlang hatte Pam den Eindruck, ihr Arbeitsbereich und die gesamte Kirchengemeinde würden auf einem Meer der Unsicherheit richtungslos dahintreiben. Sie wurde von ihren alten Unsicherheiten unter Druck gesetzt: „Warum bleibst du eigentlich noch? Du solltest das Handtuch werfen. Niemand unterstützt dich mehr. Alle steigen aus. Niemand weiß zu schätzen, was du tust. In ein paar Monaten wirst du sowieso deine Arbeitsstelle verlieren." Doch Pam blieb bei der Stange. Sie wusste, dass Gott, der ihr den Traum ins Ohr geflüstert hatte, ihr durchhelfen würde.

Ein neuer Pastor kam, und ihre Kirchengemeinde erlebte ein neues Wachstum. Die Frauenarbeit wurde mit ihr an der Spitze noch einige Jahre lang fortgesetzt, bis sie eine neue Leiterin angelernt hatte.

Genau wie Melissa fühlte sich auch Pam einsam, als sie der Vision folgte, die Gott ihr ins Herz gelegt hatte. Und wie Melissa erwartete Pam von Gott und nicht von anderen Menschen Anerkennung und Bestätigung. In all den Jahren hat sie viel über Aussöhnung und Konfliktbewältigung gelernt. Sie ist fähig geworden, schwierige Zeiten durchzustehen, andere dabei zu ermutigen und nicht vor Problemen davonzurennen, obwohl sie oft Lust dazu hatte. Doch vor allem hat sie gelernt, dass niemand gegen sie sein kann, wenn Gott auf ihrer Seite ist (Römer 8,31).

Nicht locker lassen

Der Versuch, einen Traum wahr werden zu lassen, kann ein schwieriger und einsamer Weg werden, wenn niemand hinter einem steht. Ein Sprichwort sagt: Hinter jedem erfolgreichen Mann steht eine starke Frau. Das kommt meiner Meinung nach daher, dass Frauen jahrelang hinter den Kulissen ihren Mann unterstützt, ermutigt und ihm den Rücken freigehalten haben, damit er sich profilieren kann. Doch wer unterstützt eine Frau bei der Verwirklichung ihrer Träume? Ihr Mann? Andere Frauen? Ich glaube, in den meisten Fällen müssen sie sich mehr oder weniger auf Gott allein verlassen.

Eine Freundin von mir musste mit ihrem Mann regelrecht kämpfen, bis er damit einverstanden war, dass sie noch einmal in die Schule geht. Er sah nicht ein, dass das notwendig war. Sie hatten drei Kinder, er hatte eine gute Arbeitsstelle und sie waren glücklich. Doch für sie war es ein Traum, den sie sich erfüllen wollte. Schließlich wurde ihrem Mann klar, dass Gott ihr diesen Traum ins Herz gelegt hatte und dass sie diesem Antrieb folgen musste.

Vor einigen Jahren verspürte ich den Wunsch, einige meiner Manuskripte zu veröffentlichen. Doch Monat um Monat erhielt ich Absagen von christlichen Verlagen. Und niemand zeigte Mitgefühl, wenn wieder ein entmutigender Brief im Briefkasten lag. Ich erinnere mich an den Tag, an dem ich die dritte Absage innerhalb eines Monats in den Mülleimer warf und etwas von Aufgeben murmelte. Dann fragte mein Mann: „Willst du aufgeben, bevor der Moment kommt, in dem sich dein Wunsch zu seiner Zeit erfüllt?“

Der Moment, in dem sich der Wunsch zu seiner Zeit erfüllt? Diese Aussage erinnerte mich daran, dass Gott, der uns aufrichtig liebt und die Einzelheiten unserer Träume kennt, Herr über alles ist – und dass er zu seiner Zeit Dinge bewegt. Nicht früher und nicht später.

Dann nahm ich an einer Konferenz christlicher Autoren teil und hörte, wie ein Lektor den Autoren, die ans Aufgeben dachten, eine aufmunternde Rede hielt. „Nur Sie können den Traum ersticken, den Gott Ihnen ins Herz gelegt hat“, lautete seine Kernaussage. Ich dachte lange und intensiv darüber nach. Gott hatte diesen Traum in mein Herz gelegt – einen Traum, den ich schon als Kind hatte. Bereits im Alter von sechs Jahren schrieb ich Geschichten für meine Freundinnen. Gott baute diesen Traum im Gymnasium und beim Studium weiter aus; ich machte meinen Abschluss in Journalismus und schrieb hin und wieder für Zeitungen. Als ich das säkulare Zeitungswesen verließ und begann, Bibelstudien für Frauen zu schreiben, ging Gott mit diesem Traum noch einen Schritt weiter. Wenn ich jetzt aussteige, weil ich den Mut verloren habe, dann würde ich all das zunichtemachen, wozu Gott mich mein ganzes Leben lang berufen hat.

Ich dachte daran, dass Gott der Herr über meine Hoffnungen, Träume und auch über mein Leben ist, und sah dann alles wieder in einem neuen Licht. In der Bibel fand ich zahlreiche Verse der Ermutigung, von denen ich mein Gottvertrauen stärken ließ, das ich brauchte, um meinen Traum zu verwirklichen.

Das inspirierte mich. Wenige Monate später begann ich, ein völlig neues Buch zu schreiben, das sich daraus entwickelte, was Gott mir in meinem Leben gezeigt hatte. Ich hielt sogar Vorträge darüber. Bei meinem zweiten Versuch wurde das Buch zur Veröffentlichung angenommen. Ich erinnere mich an den Tag, an dem mein Lektor mich anrief und mir mitteilte, dass das Manuskript der Programmleitung zur Prüfung vorgelegt wird.

„Heutzutage ist es für unbekannte Autoren schwierig, ein Buch veröffentlicht zu bekommen", erklärte er mir. „Aber Gott ist auch der Herr über solche Verlagsentscheidungen." Da hatte ich sie wieder: die Bestätigung, dass Gott alles in der Hand hält. Gott ist der Herr. Entgegen allen Erwartungen wurde das Manuskript angenommen und ist inzwischen zu einem Buch geworden, das das Leben von Frauen verändert und ihnen hilft, in ihrer Beziehung zu Gott zu wachsen.

Alleine mit seinen Träumen zu sein, kann Angst machen, bis man erkennt, dass man nicht wirklich alleine ist.

Unmöglich?

In bestimmten Situationen fallen einem leicht Gründe dafür ein, dass man nicht erfolgreich sein kann. Man kann sich dann wie Melissa fragen: „Woher bekomme ich das Geld?" Oder wie Pam: „Warum in aller Welt soll ich glauben, dass ich das schaffe?“ Sie stellen sich vielleicht die Frage: „Wie kann ich in meinem Alter noch eine Ausbildung machen?“ Oder: „Wie kann ich ein eigenes Geschäft eröffnen und meinen, dass ich erfolgreich sein werde?“ Oder Sie sagen sich: „Wie kann ich das schaffen, was Gott mir ans Herz legt? Es ist eine Nummer zu groß für mich. Ich habe keine Erfahrung, keine Qualifikation, keine Beziehungen.“ Doch wenn wir das sagen, vergessen wir Gott, der unsere Erfahrung, unsere Qualifikation und unsere wichtigste Beziehung ist.

Die Jünger von Jesus stellten dieselben Fragen. Sogar dann noch, nachdem sie erlebt hatten, wie er vor ihren Augen Wunder tat.

Im 8. Kapitel des Markusevangeliums wird berichtet, dass sich eine große Menschenmenge um Jesus versammelte. Die Menschen waren drei volle Tage bei ihm, um ihn zu hören, und dann hatten sie nichts mehr zu essen. Deshalb sagte Jesus zu seinen Jüngern: „Die Menschen tun mir leid. Sie waren drei Tage hier bei mir, und nun haben sie nichts mehr zu essen. Wenn ich sie ohne Essen nach Hause schicke, könnten sie unterwegs zusammenbrechen, denn einige von ihnen sind von weit her gekommen“ (Verse 2-3).

Jesus hat seinen Jüngern den Auftrag gegeben, die Menschen zu lieben, ihnen zu dienen und ihnen etwas zu essen zu geben.

Die Reaktion der Jünger ist nachvollziehbar: „Wie sollen wir denn hier in dieser einsamen Gegend genug zu essen für sie finden?“ (Vers 4). Alles, was sie sehen konnten, waren etwa viertausend hungrige Menschen. Jesus forderte etwas Unmögliches von ihnen!

Haben sie vergessen, dass sie mit dem sprachen, der bereits etwas Unmögliches getan hatte? Haben sie vergessen, dass er die Woche zuvor einen Taubstummen geheilt und einen Dämon aus einem Mädchen ausgetrieben hatte, dass er auf dem Wasser gegangen war und einen Sturm nur durch seine Gegenwart gestillt hatte und – man höre und staune – nur wenige Wochen zuvor in einer anderen einsamen Gegend ungefähr fünftausend Menschen mit fünf Broten und zwei Fischen satt gemacht hatte?

Vermutlich haben sie sich daran erinnert, als Jesus sie fragte: „Wie viele Brote habt ihr?“ (Vers 5). Ich kann mir vorstellen, dass sie etwas betreten dreinschauten, als sie antworteten: „Sieben!“ (Ob sie gedacht haben: „Mensch, was hat er das letzte Mal mit nur fünf Broten gemacht? Und heute haben wir tausend Menschen weniger!“) Sie kennen den Rest der Geschichte. An jenem Tag wurden alle Menschen satt, und es blieben sieben Körbe mit Essensresten übrig.

Diese Geschichte von Jesus, der das Essen vermehrte – und von den Jüngern, die darauf bestanden, dass es unmöglich ist –, erinnert uns daran, dass Jesus das bisschen, das wir haben, nehmen und daraus mehr als genug machen kann. Das hat er mit Melissas Wunsch, alleinstehenden Müttern zu helfen, getan, obwohl sie nur begrenzte Mittel zur Verfügung hatte. Das hat er Pam ermöglicht, die den Frauen ihrer Kirchengemeinde dienen wollte, aber wenig Selbstvertrauen und kaum Qualifikationen hatte. So handelt er mit jeder von uns, wenn wir seinem Auftrag folgen.

Als ich mich vor einigen Jahren mit Zweifeln herumschlug, ob Gott mir bei der Verwirklichung meines Traumes helfen würde, schenkte mir meine Freundin Janice einen Kühlschrankmagneten. Darauf stand: „Wo Gott ist, hilft er.“ Das klingt etwas phrasenhaft, ist aber wahr. Wenn er uns einen Auftrag gibt, dann stellt er alles zur Verfügung, was wir dazu brauchen. Und wenn er Ihnen einen Traum ins Herz legt, dann gibt er Ihnen alles, was Sie brauchen, um ihn umzusetzen.

Esthers Beispiel

Die Bibel ist voll von vertrauensbildender Geschichten über Frauen, die alleine dastanden, als sie Gottes Auftrag hörten und dann entdeckten, dass Gott treu hinter ihnen stand und alle Einzelheiten hinter den Kulissen so regelte, dass sein Plan letztendlich verwirklicht wurde. In diesem Zusammenhang gefällt mir die Geschichte von Esther ganz besonders.

Esther war eine junge Jüdin, die zufällig zum Harem des Königs von Persien gehörte, als ein Plan zur Ausrottung aller Juden in Persien ausgeheckt wurde. Esther war ein Waisenkind, das von ihrem Cousin Mordechai aufgezogen wurde, bevor sie in den Palast kam. Mordechai hatte ihr geraten, ihre jüdische Abstammung geheim zu halten. Höchst unwahrscheinlich, dass sie zur rechten Zeit am rechten Ort sein konnte! Ich kann mir vorstellen, dass Esther sich sehr einsam fühlte, als Mordechai ihr mitteilte, innerhalb eines Monats sollten Millionen Juden umgebracht werden, wenn sie nicht ihre Stellung im Palast benutzte, um diese entsetzliche Verschwörung zu vereiteln. Doch wer war sie? Ein jüdisches Waisenmädchen aus einfachen Verhältnissen, ohne jegliche Ausbildung in Verhandlungsführung, ohne Befähigung, den König zu überzeugen, ohne Glaubwürdigkeit und als Frau ohne gesellschaftlichen Status. Sie hatte nichts. Oder besser gesagt: Sie hatte nichts außer Gott.

Was Esther damals tat, ist bemerkenswert. Die „Strategie“, die sie vor dem furchterregenden König einsetzte, kann auch für uns nützlich sein, wenn wir Träume haben, die für uns eine oder mehrere Nummern zu groß sind. Die Verwegenheit, mit der sie Gottes Plan für ihr Leben ausführte, ist ermutigend für alle, die sich jemals einsam in ihren Träumen gefühlt haben. Betrachten wir also, was diese Frau getan hat, als Gott ihr eine ganz besondere Aufgabe stellte. (Vielleicht lesen Sie schnell die zehn kurzen und spannenden Kapitel des Buches Esther in der Bibel, damit Sie die ganze Geschichte kennen.)

Sie dachte über ihre Berufung nach

Zunächst zögerte Esther, als ihr Cousin sie aufforderte, zum König zu gehen und um die Verschonung ihres Volkes zu bitten. Doch als Mordechai ihr zu verstehen gab, dass es kein Zufall sein kann, dass wider Erwarten eine Jüdin eine Stellung im Palast hat, wenn ein Gesetz zur Tötung aller Juden erlassen wird, war sie tief getroffen und überlegte, ob sie „nicht für eine Situation wie diese" zur Königin wurde (Esther 4,14).

Ähnliche Überlegungen stellte auch Pam an, als sie die Möglichkeiten erkannte, eine Frauenarbeit in ihrer Kirchengemeinde ins Leben zu rufen, und versuchte, diesen Gedanken zu verdrängen. Vielleicht wurde sie „für eine Situation wie diese" geschaffen. Ich kann mir vorstellen, dass auch Melissa spürte, wie dringend es ist, ein Heim für die steigende Zahl hilfsbedürftiger lediger Mütter zu eröffnen, und dass sie möglicherweise „für eine Situation wie diese" geboren wurde. Dieses Vertrauen, diese Aufgabe und der Gedanke, dass etwas Wichtiges auf dem Spiel steht, könnten auch uns veranlassen, aktiv zu werden.

Wenn wir einen Traum haben oder meinen, dass wir von Gott einen Auftrag bekommen oder um etwas gebeten werden, müssen wir Folgendes herausfinden: Handelt es sich um etwas, das wir gerne tun würde oder um etwas, das ein anderer Mensch von uns erwarten, oder um einen Auftrag, den Gott uns gibt? Wir erhalten darüber Klarheit, wenn wir uns folgende Fragen stellen:

1. Handelt es sich um etwas, das ein anderer genauso gut tun kann?

Wenn ja, sind Sie vielleicht nicht speziell zu dieser Aufgabe berufen. In unserem Leben als Christ stoßen wir immer wieder auf Nöte anderer und wir sollten zusammen mit anderen Christen helfen, wo es möglich ist. Der Dienst an anderen sollte ein natürlicher Teil unseres Lebens sein. Doch ein solcher Dienst ist nicht unbedingt eine ausgesprochene Berufung.

2. Verspüre ich einen starken inneren Wunsch, es zu tun?

Im Allgemeinen beruft uns Gott zu etwas, das wir mit Freude tun oder das unseren natürlichen Fähigkeiten oder unseren geistlichen Gaben entspricht. Ein Beispiel: Wenn Ihnen Kinder schnell auf die

Nerven gehen, gibt er Ihnen wahrscheinlich nicht den Auftrag, Kindergottesdienst zu halten!

3. Haben Sie den Eindruck, dass Gott Sie in dieser Sache nicht in Ruhe lässt?

Manchmal können wir den Gedanken einfach nicht verdrängen, das Bedürfnis liegt auf der Hand und niemand unternimmt etwas. Wenn das geschieht, beten Sie für innere Gewissheit. Wenn Sie sich weiterhin gedrängt fühlen, kann es sein, dass Gott Sie hier ganz speziell meint.

Wenn wir mit diesen Fragen zu Gott kommen und sagen: „Herr, bitte mach mir klar, ob ich das tun soll" und auf seine Antwort warten, können wir mehr Sicherheit darüber gewinnen, ob wir wirklich berufen sind, etwas zu tun, oder ob wir unseren eigenen Wünschen folgen und losrennen, um jemandem zu helfen. (In meinem Buch „When a Woman Discovers Her Dream", (Eugene, OR: Harvest House, 2005) gehe ich näher auf das Thema ein, wie man erkennen kann, ob ein Traum von Gott ist).

Sie bat um Gebetsunterstützung

Esther zögerte nicht, um ernsthafte Gebetsunterstützung zu bitten. Sofort ließ sie Mordechai ausrichten, er solle alle Juden in der Provinz auffordern, drei Tage lang für sie zu beten und zu fasten. Erst dann würde sie vor den König treten. Esther wusste, dass jeder, der ohne Einladung vor dem König erscheint, umgebracht werden kann. Deshalb lautete ihre Bitte um besondere Gebetsunterstützung vermutlich: „Betet eindringlich, dass Gott mir die Weisheit gibt, damit ich erkenne, was ich tun soll, und den Mut habe, es durchzuziehen."

Wichtig für uns ist hier, dass Esther nicht einfach andere aufforderte, zu beten, dass sie die Kraft bekommt, etwas zu tun, was sie schon immer gerne getan hätte. Eigentlich wollte sie das alles überhaupt nicht tun, wusste aber, dass sie Gottes Auftrag in ihrem Leben folgen musste. Die Bedeutung ihrer Situation und der Gedanke, dass ein Scheitern viele Menschen das Leben kosten würde, machte ihr klar, dass ihre Aufgabe so groß war, dass sie ohne Gottes Hilfe keine Chance hatte. Deshalb besorgte sie sich ihre stärkste Waffe: das Gebet.

Ich glaube, dass Esther die anderen aufforderte, für sie um Mut zu beten, weil Angst das größte Hindernis ist, das uns von unseren Träumen abhält. Wenn eine Frau mich bittet, für ihre unerfüllten Träume zu beten, dann tue ich drei Dinge: Ich bitte Gott, ihr Klarheit zu schenken, ob der Traum wirklich von ihm kommt; ist dies der Fall, bitte ich Gott um Anleitung, wie der Traum verwirklicht werden kann, und schließlich bitte ich für sie um die Disziplin, damit sie tatsächlich tut, was Gott ihr aufgetragen hat.

Sie erstellte einen Plan und setzte ihn um

Esther hatte eine bedeutende Aufgabe. Ich kann mir vorstellen, dass sie lange gebetet und ihre verschiedenen Möglichkeiten durchdacht hat oder dass sie einfach still dasaß und Gott um einen Plan anflehte. Offensichtlich machte sie sich sorgfältig Gedanken, denn schließlich kam sie auf einen sehr gut durchdachten Plan.

Haben Sie einen Plan zur Verwirklichung Ihres Traumes? Gott gibt Anregungen und Anleitungen, aber er erwartet, dass Sie den Plan dann durchziehen.

Sie vertraute auf das, was man nicht sieht

Esther plante zwei Festessen für den König und Haman, den niederträchtigen Mann, der die Juden ausrotten wollte. Während Esther ihre Strategie verfolgte und dem König Honig um den Bart schmierte, um ihn gnädig zu stimmen, wirkte Gott offensichtlich hinter den Kulissen und sorgte dafür, dass alles genau zum richtigen Zeitpunkt geschah. (Lesen Sie unbedingt die ganze Geschichte, damit Ihnen Gottes perfektes Timing wirklich bewusst wird!)

Irgendwann hatte Esther wohl erkannt, dass sie nur tun musste, was sie konnte und dass Gott sich um den Rest kümmern würde. Genau das tat er dann auch. Als der richtige Zeitpunkt gekommen war, nahm Esther all ihren Mut zusammen und berichtete dem König von Hamans hinterhältigem Plan. Dabei eröffnete sie ihm, dass auch sie Jüdin war und zu denen gehört, die ausgerottet werden sollen. Da reichte es dem König! Nachdem sie sein Herz mit zwei köstlichen Festessen gewonnen hatte, berichtete sie ihm, dass der Mann, der seine rechte Hand war, ihr, ihren Verwandten, Freunden und Angehörigen den Tod wünschte! Der König war so wütend auf Haman, dass er die Anordnung zur Tötung der Juden für nichtig erklärte und befahl, dass Haman an den Galgen gehängt wird, den er am Abend zuvor für Esthers Cousin Mordechai errichtet hatte!

Erstaunlich an dieser Geschichte ist, wie Gott im Hintergrund wirkte und alles so geschehen ließ, wie es richtig war. Esther war Gottes bereitwillige Dienerin, die von Gott zu einem besonderen Zweck berufen worden war. In ihrem Fall war Gottes Berufung kein Traum, sondern die Aufforderung, einen Auftrag für ihn zu erledigen. Da sie Gottes Aufgabe befolgte, wird sie noch heute hochgeschätzt und als Königin bewundert, die ihr Volk gerettet hat.

Antwort auf Gottes Auftrag

Welchen Traum hat Gott Ihnen aufs Herz gelegt? Wieder in die Schule gehen und einen Abschluss machen? Sich selbstständig machen? Andere ermutigen? Für eine Sache kämpfen, die Sie für richtig halten? Vielleicht träumen Sie nur davon, durch ihren Glauben im Alltag etwas im Leben eines anderen Menschen zu bewirken oder zu erleben, dass eine Nachbarin oder Freundin auch zum Glauben kommt. Der Gott, der vor Esther hergegangen ist, geht auch vor Ihnen her. Der Gott, der mit sieben Broten viertausend Menschen satt gemacht hat, wird auch das vermehren, was Sie ihm geben.

Warum? Weil er ein Gott der Gnade ist. „Gott aber kann machen, dass alle Gnade unter euch reichlich sei, damit ihr in allen Dingen allezeit volle Genüge habt und noch reich seid zu jedem guten Werk" (2. Korinther 9,8; Luther 84). Wenn Sie nach seinem Willen leben, ist ein Scheitern gewissermaßen ausgeschlossen!

Machen Sie sich also ans Werk und vertrauen Sie auf Gott wie der Autor von Psalm 18,29-30: „Herr, du hast Licht in mein Leben gebracht, du, mein Gott, hast meine Finsternis erhellt. Mit dir kann ich ganze Armeen zerschlagen, mit dir überwinde ich jede Mauer."

Wofür brauchen Sie Gottvertrauen? Ist Gott groß genug, um Ihnen zum Erfolg zu verhelfen? Welche Mauer hindert Sie an der Verwirklichung Ihres Traumes? Kann Gott Ihnen helfen, über Mauern zu springen? Auf jeden Fall!

Verlassen Sie sich darauf, dass er Licht in Ihr Leben bringt. Er hat das Meer geteilt, Stadtmauern einstürzen lassen, das Herz von Königen bewegt und einen Retter von den Toten auferweckt. Es gibt ganz gewiss nichts, das er nicht durch Sie bewirken kann!

Zum Weiterdenken:

- *Haben Sie eine Vision, die Sie bislang nicht in Angriff genommen haben? Fehlt Ihnen vielleicht die Unterstützung anderer? Dann seien Sie mutig und schieben Sie die Verantwortung für Ihren Traum nicht anderen zu, sondern vertrauen Sie darauf, dass Gottes Hilfe reicht. Bitten Sie Gott um Klarheit, ob es sich um etwas handelt, das er Ihnen aufs Herz gelegt hat; bitten Sie ihn dann um Leitung, damit Sie wissen, wie Sie Ihre Vision umsetzen können; und bitten Sie ihn dann um Durchhaltevermögen, damit Sie nicht vorher aufgeben.*
- *Suchen Sie (z.B. mithilfe einer Konkordanz oder den Angaben aus diesem Kapitel) Bibelverse, die etwas über Gottvertrauen und Gottes Treue und Fürsorge aussagen. Notieren Sie die, von denen Sie sich angesprochen fühlen, und nehmen Sie diese Worte als Mutmacher und Erinnerung für Ihre Vision.*

Kapitel 10

Einsam im Einsatz für Gott: Jesu Gefühle nachempfinden

ALS alleinerziehende Mutter hat Gail oft erlebt, dass Gott sich für sie eingesetzt hat. Er hat für sie und die Kinder gesorgt, immer wieder unerwartet für Freude in ihrem Leben gesorgt und ihr sogar einen neuen Mann geschenkt, der sie und die Kinder wie seine eigenen liebt. Doch Gail hat nicht damit gerechnet, dass sie sich wieder so einsam fühlen würde, wenn sie anderen Frauen half, die gerade das durchmachten, was sie erlebt hatte. In der Tat war die Gründung einer Anlaufstelle für alleinerziehende Mütter fast so schwer wie ihr Leben als Alleinerziehende.

Sie hatte den Wunsch, anderen alleinerziehenden Müttern zu helfen, wie Gott ihr geholfen hatte. Deshalb gründete Gail die Organisation „SMORE“ für Frauen (Abkürzung von „Freude und neue Kraft für alleinerziehende Mütter“), einen Verband von Frauen, die alleinerziehende Mütter ermutigen, ihr volles Potential auszuschöpfen.[41] Die Organisation wurde 2007 gegründet. Inzwischen hat Gail ein Führungsgremium von zehn Frauen aus sieben verschiedenen Konfessionen und einen Blog mit Hunderten Teilnehmern hinter sich. Sie organisiert auch eine wöchentliche Bibelgruppe für alleinerziehende Mütter in ihrer Kirchengemeinde und veranstaltet einmal im Jahr eine Tagung, an der alle alleinerziehenden Mütter teilnehmen können, sowie immer wieder einen Segnungstag. Hierzu kommt sie nach Vereinbarung in eine Kirchengemeinde, geht intensiv auf die Bedürfnisse alleinerziehender Mütter ein, ermutigt und segnet sie.

„Diese Arbeit ist sehr befriedigend, und ich bin davon überzeugt, dass sich die Mühe lohnt“, erklärte Gail. „Doch manchmal habe ich den Eindruck, dass ich auf Granit beiße, wenn ich versuche, der Kirchengemeinde klarzumachen, dass dieses Angebot unbedingt erforderlich ist. Ich komme mir wie ein Prophet in der Wüste vor, der versucht, Menschen von der Bedeutung dieser Arbeit zu überzeugen, die positive Auswirkungen auf mehrere Generationen haben kann."

Als Leiterin der Frauenarbeit weiß auch Cyndi, was es bedeutet, in so einer Aufgabe einsam zu sein. Sie wusste, dass sie zur Frauenarbeit in ihrer Kirchengemeinde berufen war. Ihr Wunsch war, dass Frauen eine Beziehung zu Gott und untereinander aufnehmen. Doch warum war es so schwierig, Frauen zu finden, die bereit waren, bei der Leitung von Bibelgruppen oder der Planung von Veranstaltungen zu helfen oder auch nur an Aktivitäten oder einem Programm teilzunehmen, das ihnen selbst guttun würde? Cyndi wusste, dass Gott vor ihr herging. Trotzdem fühlte sie sich sehr einsam.

„Wenn ich eine Tagung, ein monatliches oder vierteljährliches Treffen oder auch nur einen Wochenendausflug plane, wollen nur wenige teilnehmen – geschweige denn mitarbeiten", klagte Cyndi. „Schließlich spreche ich die Frauen persönlich an und versuche, sie zur Teilnahme zu bewegen. Manchmal habe ich den Eindruck, sie wollen sich die Freude eines angenehmen Abends oder einer kurzen Auszeit nicht gönnen. Ich frage mich oft, ob wir als Frauen die Gunst der Stunde verpasst haben, um uns regelmäßig in Kleingruppen zu Gesprächen und zum Lobpreis zu treffen. Aber ohne so eine Gemeinschaft entsteht eine Leere, in der wir gar kein Bedürfnis mehr nach Beziehung, Miteinander oder Wertschätzung verspüren."

Als Frau eines Pfarrers hat Sue viele traurige Geschichten von Frauen gehört, die verlassen, misshandelt oder missverstanden wurden oder heimlich ungesunde Sehnsüchte stillen.

„Diese Geschichten sind nicht für andere Ohren bestimmt. Deshalb tragen mein Mann und ich diese Lasten oft alleine", berichtete Sue. „Für mich ist es eine persönliche Herausforderung, wenn ich unter der Woche die tragischen Geschichten höre und dann am Sonntag die bekümmerten Menschen sehe und weiß, was sie durchmachen. Manchmal ist es, als seien wir die Einzigen, die die schmerzliche Wahrheit hinter dem Lächeln kennen."

Unsere Erwartungen, wenn wir anderen helfen

Ist es Ihnen schon einmal wie diesen Frauen ergangen? Wenn ja, sind Sie nicht alleine.

Wenn wir Gottes Impuls zu einer bestimmten Aufgabe folgen, geben wir ihm die Erlaubnis, unser Wesen zu formen und zu prägen, damit wir ihm ähnlicher werden. Aber das Formen und Prägen kann manchmal schmerzhaft sein. Abgesehen von Gottes treuer Begleitung, auf die wir immer zählen können, können wir uns sehr einsam vorkommen. Manchmal erwarten wir sogar, dass wir vor Krisen geschützt sein müssten – oder zumindest vor dem Gefühl der Einsamkeit. Schließlich dienen wir Gott und sind doch genau da, wo er uns haben will. Folglich müsste unser Leben eigentlich voller Segnungen sein! Wir sind tatsächlich genau dort, wo wir sein sollen, wenn wir uns darauf verlassen, dass Gott und seine Kraft uns hindurchhelfen. Und das bedeutet, dass Gott in unserem Leben und in unserem Einsatz für ihn alles zulässt, was erforderlich ist, damit wir uns nur auf ihn verlassen. Jedes Mal, wenn Sie etwas für Gottes Sache tun oder Zeit und Kraft in einen anderen Menschen investieren, werden Sie verwundbar – egal ob Sie das hauptamtlich tun oder nicht. Aber gerade dadurch machen Sie es auch möglich, dass Gott Sie näher zu sich zieht.

Wir neigen zu der Annahme, dass sonnige Höhen und beständiger Erfolg auf uns warten, wenn wir durch die Tür des Einsatzbereichs treten, den Gott für uns öffnet. Doch gerade hier setzt Gott oft das Winzermesser an und macht uns ihm ähnlicher. In Johannes 15,2 sagt Jesus von seinem Vater, dem Weingärtner: „Er schneidet jede

Rebe ab, die keine Frucht bringt, und beschneidet auch die Reben, die bereits Früchte tragen, damit sie noch mehr Frucht bringen." Das bedeutet, dass all Ihre Frustrationen und Verletzungen, das schmerzhafte „Prägen Ihres Wesens" Teil von Gottes Beschneidungsprozess sind, damit Sie für ihn wirksamer werden. Auch in meinem Leben hat Gott oft Frustrationen und Gefühle der Einsamkeit zum Guten benutzt, wenn sich Gewohnheit oder gar Stillstand in meinem Auftrag für ihn breitgemacht haben.

Seine Erwartungen an uns

Wir haben bestimmte Erwartungen an unser Leben für Gott, doch Gott hat auch Erwartungen.

Gottes Plan besteht darin, uns seinem Sohn ähnlicher zu machen, egal was dazu erforderlich ist. Der Einsatz für andere macht uns ihm auf jeden Fall ähnlicher. In der Bibel werden wir aufgefordert, uns zu freuen, wenn wir in schwierige Situationen geraten, weil die Prüfung unseres Glaubens zu Geduld führt (Jakobus 1,2-3). Immer wieder wird uns in der Bibel zugesagt, „dass für die, die Gott lieben und nach seinem Willen zu ihm gehören, alles zum Guten führt" (Römer 8,28). Der folgende Vers zeigt, warum wir zuversichtlich sein können: „Denn Gott hat sie … vorbestimmt, seinem Sohn gleich zu werden" (Römer 8,29). Gottes Ziel in unserem Leben ist, dass wir ihm ähnlicher werden, nicht erfolgreicher.

Wie uns der Einsatz für Gott prägt

Wir setzen uns für Christus ein, um ihm näherzukommen. Dabei wird uns nicht immer klar, dass Gott die dazugehörigen Schwierigkeiten, Frustrationen und Gefühle der Einsamkeit benutzen kann, um uns Christus ähnlicher zu machen. Wenn Sie beginnen, Gott und anderen zu dienen, ergreifen Sie eine wertvolle Gelegenheit zur Charakterbildung.

Auf zweierlei Weise prägt der Einsatz für Gott unser Wesen und macht uns Christus ähnlicher.

1. Der Dienst an anderen hilft uns, die Gefühle von Jesus nachzuempfinden

Durch schmerzliche Situationen, Missverständnisse und falsche Beschuldigungen lernte meine Freundin Jini, die Gefühle von Jesus nachzuempfinden.

„Als Frau eine Pastors werde ich ab und zu fälschlicherweise beschuldigt – sei es in Bezug auf meine Handlungen oder noch öfter in Bezug auf meine Beweggründe. Wenn das geschieht, bin ich enttäuscht. Aber ich kann zu Jesus gehen, mich bei ihm ausweinen und darüber nachdenken, wie oft er während seines Lebens auf der Erde fälschlicherweise beschuldigt wurde. Das hat mich oft davor bewahrt, zurückzuschlagen oder mich so zu verteidigen, wie es nicht in Gottes Sinn gewesen wäre. Er beruhigt meine Seele und ich freue mich, dass ich etwas mit ihm ‚gemeinsam' habe."

Auch ich habe Situationen erlebt, in denen ich mich direkt an Christus gewandt habe, wenn ich von anderen sehr verletzt wurde. Wie von einer Frau aus unserer Kirchengemeinde. Wir hatten sie mit ihrer Familie jahrelang unterstützt und ermutigt. Sie war eine nette, liebevolle Person. Ich sah in ihr eine Freundin. Von ihr hätte ich nie erwartet, was sie an einem Sonntagmorgen tat: Sie erklärte, dass sie keine enge Beziehung zu irgendjemandem habe und dass unsere Kirchengemeinde nicht mehr ihre geistliche Heimat sei. „Wir gehören nicht mehr zu dieser Kirche", verkündete sie an jenem Morgen, bevor sie wegging. Ihre Worte taten weh. (Als Frau des Pastors treffen mich solche Aussagen mehr als andere.)

Ich stand auf dem Parkplatz der Kirche und konnte es nicht fassen, dass sie wegfuhr. Was hätte ich für sie und ihre Familie noch tun können, damit sie sich angenommen, unterstützt und geliebt fühlten?

Dann stieg ich in mein Auto und machte mich auf den Heimweg. Wut stieg in mir auf.

„Mein Gott, ich habe es satt", schrie ich laut. „Wie viel Zeit und Kraft habe ich in diese Frau gesteckt. Diese Kirchengemeinde hat ihr und ihrer Familie in allen möglichen Nöten geholfen. Wir haben für sie gebetet, haben ihr beigestanden, haben ihr finanziell aus der Klemme geholfen. Und das ist der Dank? Sie steht auf und geht weg, weil sie meint, dass sie keine enge Beziehung zu irgendjemandem hat? Mein Gott, ich habe es so satt, dass mich Menschen verletzen, denen ich nach besten Kräften geholfen habe."

Kaum hatte ich diese Worte ausgesprochen, spürte ich regelrecht, wie Jesus zu mir sprach: „Glaubst du, dass es mir nie so ergangen ist?"

Ich erkannte, dass diese Frau zwar mit mir Schluss gemacht hatte, dass sie aber auch Christus verlassen hatte. Sie hatte seine Gemeinde verlassen, nicht meine. Sie wies seine Liebe und Ermutigung, die sie durch uns erhalten hatte, zurück. Sie lief vor der geistlichen Heimat davon, in die er sie hineingestellt hatte. An jenem Tag brannten seine Verletzungen mehr als meine. Übrigens: Seine Verletzungen waren schon immer tiefer als meine.

Das Wissen, dass Jesus diesen Schmerz mit mir teilt, dass er mich versteht, dass er vor mir die Zurückweisung gespürt hat, bestätigte mir, dass ich nicht allein bin. Außerdem wurde mir bewusst, dass ich Gott oft schon in ähnlicher Weise verletzt habe. Das ermutigte mich an diesem Tag von Neuem, anderen weiterhin zu helfen (auch wenn einige weglaufen) und weiterhin viel Zeit und Kraft in andere zu stecken (auch wenn ich von manchen keinen Dank ernte). Warum? Einfach weil mein Gott das auch alles für mich tut.

Als mir an jenem Tag klar wurde, dass ich diese Verletzung mit Jesus teilte, konnte ich seine Verletzungen besser nachempfinden. Und bis heute ist es für mich ein kostbarer Gedanke, dass ich diesen Augenblick mit Christus teilen konnte. Von einer Teilhabe am Leiden von Christus möchte ich nicht sprechen, denn was ich durchgemacht habe, ist bei Weitem nicht mit dem zu vergleichen, was er für mich gelitten hat. Es war nur der Kummer über eine verlorene Freundin, das Gefühl des Verrats, aber es war etwas, das Jesus oft erlebt hat. Und es war ein vergleichsweise geringer Preis für das Vorrecht, seine Nachfolgerin und Dienerin genannt zu werden.

2. *Der Einsatz für andere zwingt uns dazu, uns nur auf Gott zu verlassen*

Mary, eine Freundin von mir mit einem großen Herzen für andere, schilderte mir ihre Frustrationen im Einsatz für Gott, die ihr zu einer engeren Beziehung zu ihm verholfen haben.

- Ich fühle mich einsam, wenn ich bei einer Aufgabe um Hilfe bitte und niemand reagiert.

- Ich fühle mich einsam, wenn ein geplantes Treffen schwach besucht ist oder wenn alle im letzten Augenblick absagen.

- Ich fühle mich einsam, wenn jeder nach einer Feier weggeht und ich alleine aufräumen und saubermachen muss.

- Ich fühle mich einsam, wenn ich niemanden anrufen oder mich mit niemandem treffen kann, um über ein Problem zu sprechen oder dafür zu beten.

- Ich fühle mich einsam, wenn ich versuche, anderen zu erzählen, was mich entmutigt hat oder was ich in einer Wüstenzeit empfinde, und niemand geht darauf ein oder zeigt Verständnis.

- Ich fühle mich einsam, wenn ich missverstanden werde und niemanden habe, an den ich mich wenden kann.

- Ich fühle mich einsam, wenn ich keine sichtbaren Erfolge vorweisen kann und wenn ich mich frage, ob das, was ich tue, überhaupt von Bedeutung ist.

Doch Mary gibt zu, dass diese Frustrationen und Zeiten der Einsamkeit im Einsatz für andere sie abhängiger von Gott gemacht haben und durch sie eine engere Beziehung zu Gott entstanden ist. „Gott hat die Zeiten der Einsamkeit in meinem Leben zu meinem persönlichen Wachstum benutzt. Es waren Zeiten, in denen ich mich an ihn gewandt und ihn um Kraft und Verständnis angefleht habe“, erzählte Mary. „Ich habe wunderbare Zeiten mit Gott erlebt, in denen er mir Frieden, Trost und Ermutigung geschenkt hat.“ Wenn sie auf ihre Frustrationen zurückschaut, kann sie sagen:

- In Zeiten der Einsamkeit habe ich gelernt, die Leidenschaft für eine Aufgabe loszulassen, wenn keine Unterstützung vorhanden ist.

- In Zeiten der Einsamkeit habe ich erkannt, dass meine Vorstellungen von meiner Aufgabe nicht immer mit Gottes Willen oder Zeitplan übereinstimmen.

- In Zeiten der Einsamkeit habe ich gelernt, mehr darauf zu vertrauen, dass Gott meine Bedürfnisse erfüllt.

- In Zeiten der Einsamkeit habe ich gelernt, mich im Gebet an Gott zu wenden.

- In Zeiten der Einsamkeit habe ich gelernt, Bitterkeit zu bekennen und nicht zuzulassen, damit sie in meinem Herzen keine Wurzeln schlägt.

- In Zeiten der Einsamkeit habe ich gelernt, falsche Einstellungen zu erkennen und über jede Schuld nachzudenken, die Segen verhindern könnte.

- In Zeiten der Einsamkeit habe ich gelernt, auf Gottes Zeitplan und sein Ziel für meinen Dienst zu vertrauen.

- In Zeiten der Einsamkeit habe ich gelernt, darauf zu vertrauen, dass Gott am Werk ist, auch wenn ich keine Ergebnisse sehe.

- In Zeiten der Einsamkeit war ich oft in Gottes Gegenwart und habe mich über die Zusicherung seiner Liebe und Anerkennung gefreut.

- In Zeiten der Einsamkeit ist mein Mitgefühl mit anderen gewachsen.

Wenn wir uns im Einsatz für Gott einsam fühlen, wird unsere Beziehung zu ihm über alle Maßen reicher. Ich frage mich, ob das für Gott genauso wichtig ist wie unser eigentlicher Auftrag. Gott hat Interesse an dem, was wir werden, nicht nur an dem, was wir tun.

Jesus hat sich allein auf Gott verlassen

Jesus hat in seinem Leben viele Frustrationen erlebt, weil seine Jünger Probleme damit hatten, den Glauben an den Tag zu legen, den er von ihnen erwartete. Zuweilen war Jesus müde, von den Menschenmengen erschöpft. In solchen Zeiten suchte er die Einsamkeit mit seinem Vater im Himmel, um Kraft zu tanken.

Jesus hat uns hier etwas vorgelebt: Er hat sich darauf verlassen, dass allein sein Vater seiner Seele Frieden gibt und ihm die Kraft schenkt, die er für seinen Auftrag braucht. Doch wir meinen immer wieder, dass wir stark sind, wenn andere Menschen um uns sind. Manchmal ist es schwierig, sich direkt an Gott oder sein Wort zu wenden. Deshalb suchen wir nach jemandem, mit dem wir auf menschlicher Ebene in Beziehung treten können. Manchmal betrachten wir sogar einen Menschen als unseren geistlichen Helden oder Lehrmeister. Obwohl es gut ist, Mentoren und andere Frauen als geistliches Vorbild zu haben, dürfen sie in unserem Leben nie Gott ersetzen. Es ist allzu leicht, geistliche Lehrmeister auf den Thron zu setzen. Aber wenn das geschieht, verlassen wir uns auf Menschen und nicht auf Gott. Wir laufen dann Gefahr, schwer enttäuscht zu werden oder fühlen uns verlassen, wenn diese Menschen aus unserem Leben verschwinden.

In seinem Klassiker „Mein Äußerstes für sein Höchstes" warnt Oswald Chambers:

Ein Diener Gottes muss so einsam sein, dass er gar nicht erkennt, dass er einsam ist. Zu Beginn des Lebens als Christ sind Enttäuschungen unvermeidlich: Menschen, die uns als Vorbild dienten oder an unserer Seite standen, wenden sich von uns ab. Daran müssen wir uns gewöhnen, damit uns nicht einmal bewusst wird, dass wir einsam sind … Wir dürfen unseren Glauben nicht auf flackernde Lichter bauen, sondern auf das Licht, das nie verlöscht. Wenn wir von „bedeutenden" Personen verlassen werden, sind wir traurig, bis wir erkennen, dass es so sein sollte, damit uns nur eines übrig bleibt: uns direkt an Gott zu wenden.[42]

Wenn wir Gott dienen, kommt es vor, dass wir niemanden haben, mit dem wir wirklich sprechen können, der uns versteht oder der uns auf einem Weg begleitet. Dann werden wir sanft daran erinnert, dass wir lernen, uns allein auf Gott zu verlassen.

Wie wird unser Weg etwas weniger schmerzhaft? Wie ist es möglich, uns etwas weniger einsam zu fühlen, wenn wir Gott und anderen dienen? Indem wir auf das schauen, was Jesus von uns erwartet und was wir tun sollen, um an allen Herausforderungen des Lebens zu wachsen (und ihm ähnlicher zu werden).

1. Daran denken, dass auch Jesus frustrierende Zeiten erlebt hat

In Hebräer 4,15 lesen wir, dass Jesus als unser Hohepriester unsere Schwächen versteht, weil ihm dieselben Versuchungen begegnet sind wie uns. Nur, dass er nicht schuldig wurde. An Tagen, an denen Sie den Eindruck haben, dass Sie der einzige Mensch sind, der etwas Schmerzhaftes erlebt, wenn Sie aufgeben möchten, weil Sie ungerecht behandelt wurden, oder wenn Sie Lust haben, jemandem die Meinung zu sagen, dann denken Sie daran, dass Jesus denselben steinigen Weg gegangen ist … und dass er den Weg geebnet hat, damit er für Sie erträglicher wird.

Gerade im Umgang mit Menschen musste Jesus große Enttäuschungen verkraften. Sogar die, die ihm am nächsten standen, haben immer wieder versagt. Einige Beispiele:

- Als seine Jünger in einem Sturm in Panik gerieten, obwohl er mit ihnen im Boot saß, fragte er: „Warum seid ihr so ängstlich? Habt ihr immer noch keinen Glauben?“ (Markus 4,40).

- Nachdem Jesus durch ein Wunder fünftausend Menschen satt gemacht hatte, auf dem Wasser gegangen war und noch einmal viertausend Menschen satt gemacht hatte, wies er seine Jünger zurecht: „Warum macht ihr euch Sorgen darüber, dass ihr nichts zu essen habt? Werdet ihr denn nie lernen oder begreifen? Sind eure Herzen zu verhärtet, um das zu verstehen? Ihr habt doch Augen – könnt ihr nicht sehen? Ihr habt doch Ohren – könnt ihr nicht hören? Erinnert ihr euch denn nicht? Was ist mit den fünftausend Männern, die ich mit fünf Broten satt gemacht habe? Wie viele Körbe voller Reste habt ihr anschließend gesammelt? ... Und als ich den Hunger der viertausend Menschen mit sieben Broten gestillt habe, wie viele Körbe mit Resten habt ihr da eingesammelt? ... Begreift ihr denn immer noch nicht?" (Markus 8,17-20).

- Als sich ein Mann bei Jesus beklagte, weil seine Jünger einen bösen Geist nicht aus seinem besessenen Sohn austreiben konnten, antwortete Jesus: „Ihr Ungläubigen! Wie lange muss ich noch bei euch sein, bis ihr endlich glaubt? Wie lange muss ich euch noch ertragen?" (Markus 9,17-19).

Jesus hat seine Jünger nicht aufgegeben. Er hat sich weiterhin um sie gekümmert, ihr Wesen geformt und geprägt und ihnen beigebracht, was sie schließlich brauchten, um „den ganzen Weltkreis [zu] erregen" (Apostelgeschichte 17,6; Luther 84).

Die Bibel ermutigt uns, nicht aufzugeben, sondern unsere Augen auf Jesus gerichtet zu halten, den „Anfänger und Vollender des Glaubens, der, obwohl er hätte Freude haben können, das Kreuz erduldete" (Hebräer 12,2; Luther 84).[43] Wenn Sie von Menschen enttäuscht oder im Stich gelassen werden oder auch wenn die Dinge einfach nicht so laufen, wie Sie es gerne hätten, dann denken Sie daran, dass Jesus das alles auch erlebt hat.

2. Darauf vertrauen, dass Gott neue Kraft schenkt

Joyce, meine Mutter, hat sich fast ihr ganzes Leben lang für Gottes Ziele eingesetzt. Nach über fünfzig Jahren der Mitarbeit in ihrer Gemeinde ist sie davon überzeugt, dass Jesus wusste, wovon er sprach, als er sagte: „... getrennt von mir könnt ihr nichts tun" (Johannes 15,5).

„Je länger ich mitarbeite, umso mehr erkenne ich, dass ich ohne Gottes Hilfe nichts tun kann. Wenn ich als Lobpreisleiterin jemals gewagt habe, mit meiner eigenen Weisheit und Erfahrung vor der Gemeinde zu stehen, dann ist es ein schlimmer Sonntag geworden! Auch wenn ich als gute Pianistin jemals gedacht habe, ich könnte mich auf meine eigenen Fähigkeiten verlassen und ein beeindruckendes Solo spielen, habe ich völlig versagt. Wenn ich in meinem öffentlichen Amt etwas zu Gottes Ehre tun oder sein will, muss ich mir klarmachen: ‚Er muss immer größer werden und ich immer geringer' (Johannes 3,30). Durch Erfahrung habe ich gelernt, dass man von Gott nur dann gebraucht werden kann, wenn man viel Zeit mit ihm verbringt und sich an seinen Anweisungen orientiert."

Wenn sogar Jesus Zeiten der Einsamkeit mit seinem Vater brauchte, um seine Seele zu stärken, die Dinge im richtigen Licht zu sehen und neue Kraft für seinen Auftrag zu erhalten, wie viel mehr brauchen wir dann Zeit mit Gott? Wenn ich den Eindruck habe, missverstanden, unbeachtet, einsam oder überfordert zu sein, bedeutet es im Allgemeinen, dass ich meine persönliche Zeit mit Gott vernachlässigt habe und dass deshalb meine Seele nicht mehr unter seinem Einfluss steht. Oder ich habe mich so sehr an den Erfolg aus eigener Kraft gewöhnt, dass Gott mich einen kleinen eigenen „Erfolg" erleben lässt – und ich dann einen Schuss vor den Bug bekomme!

Das geschah vor Kurzem, als ich eine Frauenkonferenz in meiner Kirchengemeinde organisieren wollte, die größte Konferenz mit dem größtem Budget, die ich je geplant habe. Da ich bei einer Konferenz noch nie Verlust eingefahren hatte und auch nie über geringe Besucherzahlen zu klagen hatte, war ich mir meiner Sache ziemlich sicher. Als dann die Anmeldungen nur zögerlich eintrudelten, fragte ich mich, woran das lag: „Habe ich wirklich dafür gebetet? Habe ich alles ehrlich Gott hingelegt, um zu erkennen, ob er die Konferenz auch wollte? Habe ich die Zustimmung meines Teams erhalten?"

Dann stellte ich Gott einige Fragen: „Gott, habe ich dich hier falsch verstanden? Bin ich dir vorausgeeilt, weil ich mir diese Konferenz mehr gewünscht habe als du?“ Als ich meine Zweifel mit meinen Mitarbeiterinnen besprach, versicherten sie mir, dass wir gemeinsam beschlossen hatten, die Konferenz abzuhalten. Doch ich bin an die Sache mit der Einstellung herangegangen, dass ich alles leisten muss, anstatt auf Gott zu vertrauen und anzuerkennen, dass er der Einzige ist, der die Konferenz durchführen kann.

Und das tat er auch. Schließlich legte ich den ganzen Plan und das Projekt ihm vor die Füße und gestand: „Ich kann es nicht … Ich bin bereit, die Reißleine zu ziehen, wenn du es willst. Aber lass mich in dieser Sache nicht alleine.“ Dann häuften sich plötzlich die Anmeldungen. Es war, als hätte Gott darauf gewartet, dass ich vor ihm eingestehe, dass ich machtlos bin, damit er mir zeigen kann, wer die Macht und letztendlich die Dinge in der Hand hat.

Denken Sie darüber nach: Wenn wir uns darauf verlassen, dass wir selbst genug Kraft haben, merken wir, dass seine Macht verschwunden ist. Ich möchte wirklich nicht mehr versuchen, etwas aus eigener Kraft zu tun.

3. Ihm nicht vorauseilen

Das habe ich aus dieser Erfahrung gelernt: auf Gott zu warten, bevor ich mich in meine eigenen Pläne stürze. Schließlich hat auch Jesus seinen Vater immer um Rat gefragt, bevor er etwas unternahm. Wenn wir mit einem Bedürfnis konfrontiert werden, neigen wir oft dazu, Hals über Kopf zu handeln, ohne zu fragen, ob Gott überhaupt will, dass wir hier eingreifen.

Meine Freundin Chris kommt sich in ihrem Einsatz besonders dann einsam vor, wenn sie den Eindruck hat, dass sie die Einzige ist, die bestimmte Bedürfnisse sieht – und dann ohne die Hilfe anderer etwas unternimmt. Doch mittlerweile hält sie inne und fragt sich: „Laufe ich blindlings drauf los, um diesen Menschen aus eigener Kraft zu retten, oder werde ich von Gott in diese Richtung geführt?“

Manchmal sind wir so beschäftigt, dass wir uns nicht die Zeit nehmen, Gott um Weisheit und Hilfe zu bitten. Wir tun zu viele Dinge gleichzeitig und stoßen an unsere Grenzen. Deshalb fühlen wir uns einsam und fragen: „Warum hilft mir niemand? Gott, warum hilfst du mir nicht?“ Aber in Wirklichkeit sind wir vielleicht Gott vorausgeeilt, sozusagen „ganz allein“ da draußen, und warten, dass Gott uns einholt.

Meine Freundin Deb, die Leiterin der Frauenarbeit in ihrer Kirche, deren Mann ebenfalls eine leitende Funktion in der Kirchengemeinde hat, verspürt manchmal den Wunsch, aufzugeben. Sie hat erkannt, dass das meistens mit ihrem seelischen Zustand zusammenhängt und sie dann mehr Zeit braucht, in der sie mit Gott alleine ist.

„An Tagen, an denen ich Lust habe, alles hinzuwerfen, muss ich mich nur auf Gott besinnen. Ich versuche, so viel Zeit wie möglich in der Stille zu verbringen und bitte Gott um Ruhe und Führung. Wenn ich aufgeben will, hängt das meistens mit meinem Zustand zusammen. Ich bin müde, ausgebrannt und denke, dass alles an mir hängen bleibt. Er zeigt mir dann, dass ich mich viel zu sehr auf mich selbst verlasse und dass ich nur auf ihn hören brauche.“

Auch ich habe mich oft in die Aufgaben gestürzt, anstatt auf Gott zu warten und zu sehen, ob ich eingreifen soll. Das habe ich besonders oft getan, wenn es um Jüngerschaftsschulungen ging. Nichts begeistert mich mehr, als mitzuerleben, wie eine Frau geistlich wächst, biblische Wahrheiten und Erkenntnisse begreift und sich zu eigen macht und dann beginnt, das an andere Frauen weiterzugeben. Aber wahrscheinlich gibt es mehr Frauen, die auf diesem Weg herumschlingern und falsche Entscheidungen treffen. Im Rückblick musste ich mich schon öfter fragen: „Habe ich eine Frau überfordert, weil ich zu viel von ihr erwartet habe? War sie soweit, dass sie sich Gott ganz anvertrauen konnte oder habe ich das nur angenommen? Habe ich ihr etwas aufgezwungen oder sie durch eine Tür geschoben, für die Gott ihr Herz noch nicht bereit gemacht hatte? War ich eifriger auf ihr geistliches Wachstum bedacht als sie selbst?“

In den letzten Jahren habe ich mich bemüht, mir von Gott zeigen zu lassen, für wen ich meine Kraft einsetzen soll. Ich will, dass er die

Entscheidung für mich trifft, anstatt loszurennen und jede Frau, die mir über den Weg läuft, in eine Beziehung zu Jesus zu drängen. Jesus hat eine ganze Nacht lang gebetet, bevor er zwölf Jünger ausgewählt hat, um die er sich intensiv kümmern wollte. Warum sollte ich annehmen, dass ich mit weniger auskomme?

Wenn wir Gott vorauseilen, erfüllen wir unsere Aufgabe aus eigener Kraft. Doch wenn wir auf ihn warten, rüstet er uns mit allem aus, was wir für unsere Aufgaben brauchen.

4. Ihm das eigene Versagen übergeben

Es fällt uns leicht, Christus von unseren Erfolgen zu erzählen und zu sagen: „Das habe ich für dich getan." Vielleicht erklären wir das nicht ganz ohne Stolz und denken, etwas für Gottes Reich geleistet zu haben. („Herr, ich habe dieser Frau von dir erzählt und sie hat sich für ein Leben mit dir entschieden. Herr, ich habe diese Veranstaltung geplant, und daraufhin haben viele Menschen ihr Leben mit dir in Ordnung gebracht. Herr, bist du nicht stolz auf mich?")

Aber wie oft bringen wir unser Versagen vor ihn und sagen genauso aufrichtig: „Das habe ich für dich getan"? Ich muss gestehen, dass ich Gottes Trost und Nähe am deutlichsten gespürt habe, wenn ich in meinem Dienst zutiefst verletzt wurde. Entweder, weil ich etwas nicht sehr gut gemacht hatte oder weil ich mein Bestes gegeben, aber dabei nicht die erhofften Ergebnisse erzielt hatte. Es ist mein Opfer für Gott, wenn ich mit viel Arbeit und Liebe eine Veranstaltung für Frauen vorbereitet habe und nur eine Handvoll Besucher kommen, oder wenn ich eine Frau lange geistlich begleitet habe und sie nach einigen Monaten einfach weggeht. Gott nimmt nicht nur das, was wir als Erfolg bewerten, sondern auch das, was wir für ein Versagen halten. Er benutzt alles, um uns bescheiden werden zu lassen und uns ihm ähnlicher zu machen.

Meine Freundin Barbara erzählte, dass sogar die schwachen Momente in ihrem Leben ein kostbares Opfer für Gott waren, und es erstaunt sie immer wieder, dass er diese Momente benutzen kann:

„Wenn ich weiß, dass ich nicht in Form bin und unkonzentriert, ideenlos und erschöpft bin, nimmt er die Dinge in die Hand. Wenn ich ganz unten bin und mir völlig wertlos vorkomme, wirkt er durch mich. Danach bin ich immer verblüfft. Er will nur, dass wir ihm nachkommen und Ja sagen oder auf der Matte stehen, wie ich es ausdrücke. Er spricht dann zu den Herzen der Menschen, die er zu mir schickt. Ich kann nur darüber staunen, dass er mich armseliges, unvollkommenes Wesen gebrauchen kann."

Manchmal, gerade wenn wir uns armselig und unzulänglich vorkommen, gebraucht Gott uns am meisten. Wenn wir uns selbst gut finden, sind wir versucht, unsere Aufgabe aus eigener Kraft zu erfüllen und werden schließlich kraftlos. Doch wenn wir uns armselig und klein vorkommen, kann sich Gottes Kraft in uns entfalten. Der Apostel Paulus sagte zu Recht: „... wenn ich [in mir] schwach bin, bin ich stark [in Christus]" (2. Korinther 12,10).

5. Ihm aus Liebe dienen und nicht, um Ergebnisse zu sehen

Sie und ich sehen vielleicht nicht die Ergebnisse unserer Arbeit, solange wir hier auf der Erde leben. Wir leiten möglicherweise Frauen im Glauben an und erleben nicht, dass sie ihr Leben ändern. Vielleicht stehen wir einer Frau mit aller Kraft in ihren Eheproblemen bei, und sie gibt ihren Mann dennoch auf. Eventuell bleiben wir die unbeachtete Frau in der hinteren Reihe, die die Sonntagszeitung austeilt oder das quengelnde Baby in der Kinderbetreuung beruhigt oder den Festsaal nach der Veranstaltung sauber macht. Aber einer bleibt an unserer Seite, sieht unsere Bemühungen, lächelt und sagt mit ruhiger Stimme: „Gut gemacht, meine gute und treue Dienerin" (Matthäus 25,21).

Gott will nur, dass wir treu sind. Die Ergebnisse können wir getrost ihm überlassen.

Mit Segen überschüttet

Würde ich in diesem Kapitel nur über die Frustrationen und die Einsamkeit im Einsatz für Gott sprechen, bekämen Sie ein falsches Bild. Denn Gott dienen bringt auch viel Freude mit sich. Ja, es gibt Zeiten, in denen Sie sich einsam fühlen. Es gibt Zeiten, in denen Sie enttäuscht und frustriert sind und das Handtuch werfen wollen. Doch es gibt auch Tage (ich bitte Gott, dass Sie solche oft erleben), an denen Sie erkennen, dass es auf der Erde nichts Erfüllenderes gibt, als Gott zu dienen, und dass Sie mit Ihrem Leben nichts anderes tun möchten.

Zu Beginn dieses Kapitels nahmen wir an den Klagen der Frauen Anteil, die sich auf diesem Weg einsam fühlten. Jetzt hören wir ihre Loblieder für Gott, der dafür sorgt, dass sich die Mühe lohnt.

Mitarbeit in Gottes Reich

Mary, die schon früher berichtete, dass sie immer abhängiger von Gott geworden ist, wenn sie sich in ihrem Einsatz einsam fühlte, erklärte, dass sie weitermacht. Und zwar nicht nur, weil sie Gottes Willen nicht unerfüllt lassen will, sondern auch, weil sie sich die wunderbaren Ermutigungen, die am Ende auf sie warten, nicht entgehen lassen möchte.

Sie erzählte mir von so einem ermutigenden Erlebnis, das sie wie einen geschliffenen Diamanten in ihrem Herzen bewahrt, damit sie nie vergisst, dass sich sogar die niedrigste und unbefriedigendste Arbeit, die für das Reich Gottes getan wird, lohnt:

„Seit zehn Jahren bin ich Gruppenleiterin einer Frauenkonferenz in einem großen Einzugsgebiet. Ich hatte mich verpflichtet, eine Gruppe von fünfzig Frauen zur Teilnahme an dieser Konferenz zu bewegen. Von Anfang an war es eine Herausforderung, die Zusagen und Teilnahmegebühren von den Frauen zu bekommen. Oft sagte ich zu Gott: Ich kann nicht mehr. Nächstes Jahr mache ich das nicht mehr mit.

Aber wenn wir dann bei der Veranstaltung waren und all die Planungen und Arbeiten abgeschlossen waren, fühlte ich mich in meiner Aufgabe bestärkt, weil ich sah, wie die Frauen lachten, sich austauschten und das Wochenende genossen. Das Wichtigste bei der Veranstaltung war für mich, dass meine Tante auf den Rückmeldebogen schrieb, dass sie sich während der Konferenz für ein Leben mit Christus entschieden hat. Ich empfand eine so große Freude, dass ich sofort dachte: Es hat sich gelohnt. Später habe ich dann gedacht, dass keine Mühe und Arbeit es mit der Freude aufnehmen kann, die entsteht, wenn man an Gottes Plan für einen Menschen mitarbeitet. Außerdem sagte mir der Bruder meiner Tante bei unserer Rückkehr von der Konferenz wunderbar ermutigende Worte, die ich nie vergessen werde."

Gott ist nicht verpflichtet, uns einen Blick auf das Gelingen werfen zu lassen, das unser Einsatz mit sich bringt. Aber er tut es immer wieder, um uns entgegenzukommen und zu ermutigen, damit wir gerne weitermachen. Ein kurzer Blick hier, ein Wort da, eine Geschichte, die wir zufällig Jahre später hören, und wir können die Puzzleteile zusammenfügen und sagen: „Gott, ich habe gedacht, alles war umsonst, aber du hast etwas Wunderbares daraus geschaffen." Jedes Mal, wenn Gott mich einen kurzen Blick auf das werfen lässt, was er tut oder getan hat, dann kann ich nicht anders, als immer wieder von ihm begeistert und dafür dankbar zu sein, was er auf seine Weise und zu seiner Zeit bewirken kann.

Gottes Gnade im Leben erkennen

Bei meiner Mentorin Barbara ist der Groschen gefallen, dass Zeiten der Einsamkeit im Dienst für Gott der Mühe wert sind, als sie erkannt hat, dass Gott sich in Wirklichkeit um sie kümmert, wenn sie sich einem anderen Menschen widmet. „Mir wird klar, dass Gott wollte, dass ich mich um diese Person kümmere, damit ich zu meiner eigenen Ermutigung höre, was ich ihr sage. Ich kann nur staunen, dass er durch meinen Dienst an anderen zu mir spricht."

Jesus als das Wertvollste ansehen

Für meine Freundin Jini, die gelernt hat, die Gefühle von Jesus nachzuempfinden, wenn sie falsch beschuldigt und missverstanden wird, ist Gottes kostbares Wort der Grund, weshalb sie nie aufgegeben hat – egal, wie ermüdend oder frustrierend sie ihre Aufgabe manchmal fand.

„Was mir im Endeffekt hilft, nie aufzugeben, ist das, was in der Bibel steht. Mein Leben hat sich verändert, seit ich Jesus und seine Worte als das Wertvollste in meinem Leben betrachte. Der Mann im Gleichnis vom verborgenen Schatz ging mit Vorfreude los und verkaufte alles, was er hatte, um diesen einen Schatz zu erwerben. Wenn es wirklich hart auf hart kommt, hilft mir das Wissen darüber, wie Gott sich in unserem Leben sieht. Ich kann alles Mögliche fühlen, wie zum Beispiel die Lust, aufzugeben. Aber ich hüte mich davor, denn in Gottes Worten ist so viel Wunderbares enthalten, das man nur erleben kann, wenn man ihm gehorcht und seiner Einladung folgt."

Jini, deren Mann eine Kirchengemeinde in Utah gründete, um Menschen von Jesus zu erzählen, hat oft erlebt, dass die Einsamkeit und die Frustrationen bei so einer Aufgabe für Gott wirklich die Mühe wert sind.

„Etwa alle fünf Wochen laden wir in unserem Haus zu ‚Pastors Nachspeisen' ein", erklärte Jini. „Alle Leute aus unserer Kirchengemeinde können kommen, Fragen stellen und ihre Geschichte erzählen. Auch wenn ich sonst völlig erschöpft bin, freue ich mich riesig auf diese Abende. Denn wenn jemand erzählt, wie sein Leben von

Gott verändert worden ist, wird mir klar, dass sich all die Mühe lohnt. Wenn ich sehe, wie der Gott des Universums unsere kleinen Anstrengungen benutzt, damit sich jemand auf den Weg zu ihm macht, dann ist das für mich wie das Drücken der Reset-Taste meiner Seele!“

An seine Treue denken

Meine Mutter Joyce war ihr ganzes Leben lang in verschiedenen Bereichen der Kirchengemeinde aktiv, obwohl sie viele Jahre unter chronischen Rückenschmerzen litt. Nach über fünfzig Jahren, auch unter Schmerzen, sagt sie: „Natürlich hat es Zeiten gegeben, in denen ich am liebsten alles hingeschmissen hätte! Aber wenn ich an Gottes unerschütterliche Treue zu mir denke, fühle ich mich verpflichtet, ihm mit allem zu dienen, was er mir gegeben hat. Ich bekomme neue Kraft, wenn ich daran denke, dass er mich beauftragt hat, und wenn ich spüre, dass er sich über meine Treue freut. Ich bin am glücklichsten, wenn ich für Christus arbeite. Folglich mache ich weiter.“

Erkennen, dass Gott am Werk ist

Gail, die zugibt, dass die Arbeit mit alleinerziehenden Müttern oft zu keinen sichtbaren Ergebnissen führt, hat gelernt, darauf zu achten, wie Gott in kleinen Schritten am Werk ist – jeweils im Leben einer einzigen Frau. Eine nette Bemerkung oder ein Lied, das für sie gesungen wird, eine E-Mail mit Dankesworten – Gott sorgt immer dafür, dass sie weiß, dass ihre Arbeit nicht umsonst ist. Sie macht im Glauben und in dem Wissen weiter, dass Gott am Werk ist, ob sie es sieht oder nicht.

Frieden erleben

Für Cyndi, die Leiterin der Frauenarbeit, steht das, was sie durch den Dienst für Gott gewonnen hat, in keinem Vergleich zu den Frustrationen, die sie dabei erlebt.

„Ich freue mich einfach, dass ich im Leben anderer Menschen gebraucht werden kann. Ich habe wirkliche Veränderungen gesehen, die nur Gott in solch zerbrochenen Leben bewirken kann. Wenn ich geholfen habe, ohne eine Gegenleistung zu erwarten, hat mich wunderbarer Friede erfüllt. Gott hat mir gezeigt, wie ich in Frieden und Freude jeden Weg gehen kann, den er bestimmt. Ich lerne, allein aus Liebe zu Christus zu helfen, und ich lasse mir diese Freude von niemandem nehmen. Wenn einen die Liebe zu Christus antreibt, wird man nicht enttäuscht."

Seine Freude spüren

Sue, die Frau eines Pfarrers, fasst die unglaubliche Befriedigung zusammen, die entsteht, wenn man erlebt, dass andere eine engere Beziehung zu Gott eingehen, einfach weil man sie so begleitet hat, wie er es einem aufgetragen hat. Im Seelsorgedienst hat Sue einige Frauen kennengelernt, die ihr immer wieder geschildert haben, wie Gott durch sie zu ihnen gesprochen hat. Sue erzählt:

„Manchmal, wenn ich ihre positiven Berichte höre, denke ich: Habe ich das alles gesagt? Es lohnt sich wirklich, wenn ich entdecke, wie Gott meine kläglichen Versuche trotz all meiner Unzulänglichkeiten gebraucht. Die Entmutigung und Niedergeschlagenheit dieser Frauen wurden in Frieden und Freude verwandelt, die größer sind, als unser menschlicher Verstand es je begreifen kann. Ich kann Stunden mit jemandem verbringen, ohne ein Ergebnis zu sehen. Aber die Frauen, die Gott und sein Wort annehmen, die ihren Geist und Sinn erneuern und Jesus ähnlicher werden, bringen wieder Wind in meine Segel."

Es stimmt: Im Einsatz für Gott kommt man sich oft einsam vor. Es kann frustrierend sein, wenn man nicht sofort Ergebnisse sieht oder wenn Gott in unserem Leben das Winzermesser ansetzt. Doch Gottes Auftrag zu befolgen, bringt Freude. Und wer sich darauf verlässt, dass Gott ihn durchbringen wird, erhält neue Kraft.

Worauf warten Sie also?

Gott hat für jede von uns eine Aufgabe. Wenn er Ihnen ans Herz legt, in seinem Namen loszugehen, wird er Sie mit allem ausrüsten, was Sie dafür brauchen, Ihnen Kraft schenken und zu allen Zeiten an Ihrer Seite stehen. Auch an den Tagen, an denen Sie den Eindruck haben, dass Sie nicht mehr können. Wenn Sie Ihr volles Vertrauen auf ihn setzen und in seine Fußstapfen treten, indem Sie anderen dienen, werden auch Sie seine Kraft, Hoffnung und Freude erfahren. Machen Sie mutig weiter. Sie sind nicht allein.

Zum Weiterdenken:

- *Denken Sie kurz über die Momente nach, in denen Sie in Ihrem Einsatz für Gott und andere nah dran waren, alles hinzuschmeißen: Inwiefern waren diese Enttäuschungen oder Frustrationen Ihre Chance, Jesus ähnlicher zu werden? Inwieweit haben diese Erfahrungen Ihnen geholfen, das Herz Gottes besser zu verstehen?*
- *Wenn Sie noch verletzt sind, reden Sie mit Gott darüber. Bitten Sie ihn, Ihre innere Wunde zu heilen. Können Sie ihm sagen, dass Sie das für ihn getan haben? Denken Sie daran: Er ist an ihrem Scheitern genauso interessiert wie an Ihrem*

„Erfolg". Es geht ihm um Ihr Herz, nicht unbedingt um das, was Sie alles für ihn erreichen.

- *Lesen Sie Johannes 15,1-12. Was sagt Jesus hier darüber, was mit jeder Rebe geschieht, die Frucht bringt? Welche Verheißung gilt denen, die sich an ihn halten?*

Kapitel 11

Einsam vor Gott: in seinem Überfluss leben

DAS Aufheulen der Motoren schnürte mir die Kehle zu. Als das Flugzeug langsam auf die Startbahn zurollte, lehnte ich den Kopf gegen das Fenster des Flugzeugs und kämpfte mit den Tränen.

„Warum muss ich mich so einsam fühlen – warum jetzt?“, dachte ich.

Ich flog zu einem Fernsehinterview und hätte eigentlich zuversichtlich und guter Dinge sein müssen. Stattdessen belastete mich ein ungeklärter Streit mit meinem Mann vom vorigen Abend. Mein Stolz hatte mir befohlen zu warten, bis er sich entschuldigte. Doch als ich noch auf diese Worte wartete, schlief er ein, und ich musste vor dem Morgengrauen das Haus verlassen und zum Flughafen fahren. Mir wurde übel bei dem Gedanken, dass ich in diesem Zustand ans andere Ende des Landes fahre. „Er weiß, dass ich ungern wegfahre, wenn zwischen uns etwas nicht in Ordnung ist“, dachte ich. Ich war voller Schmerz und Wut.

Ich wusste, dass ich Hugh bei meinem ersten Zwischenstopp anrufen konnte (was ich dann auch tat). Aber erst in drei Tagen könnten wir wieder miteinander sprechen und erst dann würde er mich beruhigend in die Arme nehmen. Bei diesem Gedanken fühlte ich mich noch einsamer.

Als das Flugzeug auf der Startbahn beschleunigte und zum Abheben ansetzte, spürte ich im Inneren den vertrauten Fingerzeig Gottes. Auf die Ansage der Stewardess, das Handgepäck sicher unter dem Sitz zu verstauen, achtete ich nicht. Ich griff zu meiner Bibel und schlug Lukas 15 auf, wo das Lesezeichen noch vom letzten Vormittag steckte. Schnell las ich die Geschichte vom verlorenen Sohn. „Das hat nichts mit mir zu tun", dachte ich bitter. Dann las ich den Abschnitt noch einmal und dachte daran, dass Jesus diese Geschichte erzählt hat, damit wir etwas über die Liebe unseres Vaters im Himmel erfahren. Das Gespräch zwischen dem Vater und dem älteren Sohn, der eifersüchtig war, weil seinem aufmüpfigen Bruder bei seiner Heimkehr so viel Aufmerksamkeit geschenkt wurde, gab mir zu denken. Die leise Korrektur des Vaters traf mich: „Sieh, mein lieber Sohn, du und ich, wir stehen uns sehr nahe, und alles, was ich habe, gehört dir" (Vers 31).

Alles, was er hat, gehört mir!

In diesem Augenblick dämmerte es mir, dass ich ihm immer nahe bin, egal wie weit entfernt ich mich von einem anderen Menschen fühle. Als das Flugzeug aufstieg, fühlte ich, dass mein himmlischer Vater liebevoll die Arme um mich legte und mich an einen Ort brachte, wo mich nichts mehr bekümmern konnte. Ich schloss die Augen und dachte über diese gütigen Worte nach: „Alles, was ich habe, gehört dir." Ich spürte neue Kraft und wusste, dass mir all sein Mitgefühl, all sein Verständnis, all sein Frieden und seine unerschöpfliche Liebe gehört. Als ich über den Wolken dahinflog, wurde mir klar, dass ich gerade eine jener Zeiten der Einsamkeit erlebte, in denen ich mich Gott am nächsten fühlte und dass es keinen Ort der Welt gab, an dem ich lieber sein wollte.

Seit jenem Tag habe ich verstanden, dass wir Gottes Gegenwart oft am deutlichsten spüren, wenn wir uns wirklich einsam fühlen. Das bedeutet natürlich nicht, dass Gott weniger nahe ist, wenn wir nicht einsam sind. Er ist ja immer bei uns. Es ist aber interessant, dass wir in Augenblicken wirklicher Einsamkeit erkennen, dass wir uns nur an Gott und an niemanden sonst wenden können. Deshalb können Zeiten der Einsamkeit im Leben so gewinnbringend sein.

Haben Sie auch schon festgestellt, dass Zeiten der Einsamkeit Sie zwingen, Gott näherzukommen? Können Sie sich an Zeiten erinnern, in denen Ihre Einsamkeit besonders schmerzlich war, und dass er Ihnen gerade deshalb so nahe sein konnte? Nur Gottes unerschöpfliche Liebe kann uns in unseren hoffnungslosesten Zeiten der Einsamkeit erfüllen und uns das geben, was wir wirklich brauchen … und sie kann sogar dazu führen, dass wir uns nach der Einsamkeit mit ihm sehnen.

Sehnsucht nach ihm

Catherine erinnert sich an die Sehnsucht, sich von anderen zurückzuziehen und mit Gott alleine zu sein. Nur wenige Tage zuvor hatte sie ihren Mann Ray verloren. Als sie den Raum verließ, in dem er aufgebahrt war, betete sie: „Herr, bitte tritt du jetzt an die Stelle meines Mannes. Sei du mein Beschützer und Fürsprecher, meine Stärke und mein Schild. Hilf mir, dass ich schnell trauern kann und nicht in Hoffnungslosigkeit versinke."

Sie erklärt: „Ich habe Gott gebeten, den Platz meines Mannes in meinem Leben einzunehmen, und als ich aus dem Raum trat, ging er mit mir. Ich habe mich seitdem nie wieder einsam gefühlt."

Seitdem hat sie oft das Bedürfnis verspürt, mit Gott alleine zu sein.

Bei Rays Beerdigung und auch danach drängten sich die Leute um sie, blieben bei ihr, besuchten sie und wollten sie nicht allein lassen. Doch sie hatte nur genau diesen Wunsch: dass alle weggehen, damit sie mit Gott alleine sein konnte.

„Ich wartete nur darauf, dass sie alle weggingen, damit ich diesen Trauerprozess beginnen und mit Gott allein sein konnte. Sie haben es gut gemeint, wollten mich trösten. Aber ich habe Gottes Trost gesucht, und den bekommt man nur, wenn man mit Gott alleine ist."

Als Catherine schließlich ihre Momente des Alleinseins mit Gott hatte, trauerte sie über den Verlust ihres Mannes und erlebte die Treue Gottes, weil sie schnell und intensiv trauern konnte und von der Trauer nie hilflos überwältigt wurde.

Das ist jetzt fast dreizehn Jahre her. Aber Catherine hat nie die Einsamkeit gespürt, die nach dem Verlust eines Ehemannes eintreten kann. Stattdessen ist ihre Verbundenheit mit Gott tiefer geworden. „Natürlich fehlt mir Ray, und manchmal ist es schwer, Witwe zu sein. Aber ich kann jetzt Dinge tun, die vorher nicht möglich waren." Ihre neu gewonnene Freude entstand zum Teil aus der Erkenntnis, die sie in den Zeiten alleine mit Gott gewonnen hat: Sie ist nicht einfach nur Rays Witwe, sondern eine von Gott geliebte Frau.

„Ich bin immer noch gerne mit meinen Freundinnen und anderen Menschen zusammen. Aber die Freude, die aus den Zeiten des Alleinseins mit Gott entsteht, ist tiefer. Deshalb freue ich mich auf das Alleinsein, ja, ich genieße es sogar. Ich spreche hier nicht von Einsamkeit im Sinne von Hoffnungslosigkeit oder Mangel. Ich spreche vom Alleinsein, das mir eine tiefere Verbundenheit mit Gott ermöglicht."

Das Leuchten in Catherines Augen erzählt von der Freude, die sie alleine mit Gott erlebt. Catherine hat ihre Oase in einem Lebensabschnitt gefunden, den die meisten als Wüste bezeichnen würden.

Finden Sie Ihre Oase

Haben Sie Ihre Oase gefunden? Sie haben diese Reise mit mir in der Wüste begonnen, als wir uns fragten, was es bedeutet, als Alleinstehende, Ehefrau oder Mutter einsam zu sein. Wir haben festgestellt, dass wir uns aufrichten können, weil Gott zu uns kommt, wenn wir in unserem Schmerz einsam sind. Unser Vertrauen zu ihm ist tiefer geworden, weil wir uns mit der Einsamkeit in unserem geistlichen Leben und im Gottesdienst befasst haben. Wir haben unsere Prioritäten neu ausgerichtet, als wir über die Einsamkeit im Leid, in der Ruhelosigkeit und in den Zukunftsträumen nachdachten. Ich hoffe, dass Sie inzwischen „schmecken und sehen, dass der Herr gut ist" (Psalm 34,8) und dass die Wüsten, die er uns durchwandern lässt, Pforten zu einer tieferen Beziehung zu Gott werden können. Und hoffentlich können Sie jetzt sagen, dass Sie Ihre Wüste der Leere durchschritten haben und an einem Ort des Überflusses, einer Oase seiner Kraft angekommen sind.

Im Wörterbuch wird eine Oase als fruchtbare Stelle mit Wasser in einer Wüste definiert. Sie ist eine Quelle der Erfrischung, die an einem trockenen, unfruchtbaren Ort entspringt; ein Ort des Friedens, an dem wir uns niederlassen, damit wir nie wieder Durst haben. Sie ist auch ein Ort, an dem Dinge inmitten von vertrocknetem Gestrüpp wachsen. Mir gefällt dieses Bild: Mit seiner unerschöpflichen Liebe und ständigen Gegenwart wird Gott für uns zu dieser Quelle der Erfrischung, und er lässt uns wachsen und aufblühen, wenn wir bei ihm bleiben.

Die Vorteile der Einsamkeit

Bevor wir unsere gemeinsame Reise beenden, möchte ich auf die positiven Auswirkungen der einsamen Zeiten hinweisen. Denn Gott lässt uns wachsen, wenn wir uns an seinem Wasserstrom niederlassen, der nie versiegt. Höchstwahrscheinlich erkennen Sie einige dieser Vorzüge der Einsamkeit vor Gott bereits als Stärken in Ihrem Leben. Das ist der Beweis, dass Gott Sie prägt und Sie in den Wüsten des Lebens wachsen und gedeihen lässt. Betrachten Sie diese Aufzählung als Checkliste der Dinge, die Gott in Ihrem Leben schon getan hat – oder als künftige Geschenke, auf die Sie sich freuen können, wenn er Sie weiterhin zu der starken Frau macht, die Sie nach seinem Plan sein können und sollen.

Sich auf Gott verlassen können

Wahre Freude und Freiheit entstehen, wenn wir uns in Zeiten der Einsamkeit nicht auf unseren Ehemann, auf Selbsthilfebücher, Berater, Freundinnen, Umstände, materielle Dinge oder auch die Kirchengemeinde verlassen. Wir werden von einer besonderen Zuversicht erfüllt, wenn wir wie David in Psalm 62 sagen: „Auf Gott allein vertraue ich fest … Er allein ist mein Fels und meine Hilfe" (Verse 2-3). Wenn man nur auf ihn vertraut, tritt eine Veränderung ein. Das hat Julia mit ihrer Geschichte bestätigt, die in den ersten Kapiteln dieses Buches erzählt wird. Sie erlebte ihre schmerzhaftesten Zeiten der Einsamkeit, als ihre zwanzigjährige Tochter bei einem Autounfall ums Leben kam. Während dieser Zeit lernte sie, was es bedeutet, sich auf Gott zu verlassen und auf ihn zu vertrauen.

„In dieser Trauer ist man sehr einsam", erzählte Julia. „Nicht einmal Angehörige können helfen, weil sie selbst Trauerarbeit leisten und jeder anders damit umgeht. Ich bin zu einer Trauergruppe gegangen und habe alle Bücher zum Thema gelesen, die ich kriegen konnte. Aber nur Gott konnte mich trösten und mir Frieden schenken. Manchmal hat es geholfen, mit jemandem zu sprechen, der einfühlsam zuhören konnte. Doch am meisten hat es mir gebracht, wenn andere Christen speziell für meinen Schmerz gebetet haben oder wenn ich lange Zeiten der Stille und Einsamkeit mit Gott verbracht habe."

In Zeiten, in denen kein Mensch helfen kann, lernt man, was es wirklich bedeutet, sich auf Gott zu verlassen.

Entdecken, wer man wirklich ist

Wenn wir uns von anderen zurückziehen und alleine vor Gott stehen, liegen unser Herz, unser Sinn und unser wahrer Charakter offen vor ihm – und vor uns. Das kann manchmal beunruhigend sein (und deshalb sind viele Menschen nicht gerne allein), aber es kann auch heilen und befreien, wenn Gott uns zeigt, wer wir in seinen Augen und nicht in unseren Augen oder den Augen anderer sind.

Vickie hat das vor Kurzem entdeckt. Während einer einsamen Phase in ihrem Leben nahm sie an einer Veranstaltung teil, bei der die Teilnehmerinnen Bilder aus Zeitschriften ausschneiden und eine Collage anfertigen sollten, die sie selber darstellte. Zunächst hielt sie diese Aufgabe für eine alberne, esoterische Selbstfindungsübung.

„Aber schließlich fand ich meinen Spaß daran", berichtet sie. „Als ich begann, Zeitschriften zu zerschneiden, wurde mir bewusst, dass ich nicht nur Lees Ehefrau bin, sondern eine Frau Gottes, eine gute Mutter und jemand, der sich an Musik, an der Natur und an Schönem freuen kann." Als Vickie mit der Collage fertig war und mehr über ihr Inneres erfahren hatte, war sie davon überzeugt, dass sie eine von Gott geliebte Frau ist. Seitdem wollte sie mehr Zeit mit ihrem Schöpfer verbringen.

„Jetzt kann ich alleine einen Einkaufsbummel machen oder übers Wochenende wegfahren, ohne jemand Vertrautes um mich zu haben."

Weil sie entdeckt hat, wer sie in Gottes Augen ist, hat Vickie auch herausgefunden, dass sie das Leben alleine mit Gott genießen kann, ohne einen anderen Menschen an ihrer Seite haben zu müssen.

Die wahren Freundinnen erkennen

Wenn wir einsam sind, merken wir, wer unsere wahren Freundinnen sind: Frauen, die für uns beten, sich um uns Gedanken machen und uns auch in Ruhe lassen, wenn wir das brauchen. Wir alle kennen Menschen, die sich zurückziehen, wenn es uns schlecht geht – meistens, weil sie nicht wissen, was sie sagen sollen oder weil unser Problem sie in Verlegenheit bringt. Eine wahre Freundin wird jedoch unsere Gefühle für wichtiger halten als ihre eigenen. Und sie wird auch sagen, was gesagt werden muss, nicht nur, was wir hören wollen. Einige meiner Freundinnen, die gegen Brustkrebs gekämpft haben, bestätigen, dass sie heute besser wissen, wer ihre wahren Freundinnen sind. Viele meinen es gut, aber mit denen, die in harten Zeiten zu uns halten, können wir auch bei künftigen Schwierigkeiten rechnen.

Heute ist meine beste Freundin eine Frau, die sich während einer meiner dunkelsten Zeiten bewährt hat. Ich kannte sie noch nicht, als dieses Buch in meiner Heimat zum ersten Mal herauskam. Doch in den vergangenen Jahren wurde diese Frau zu einem Felsen der Unterstützung. In Zeiten der Tränen, Frustrationen und Selbstzweifel, und sogar wenn ich sie nicht zurückrief und ihr keine gute Freundin war, flaute ihre Liebe zu mir nicht ab. Sie buchte sogar einen Flug und begleitete mich auf eigene Kosten zu einer Vortragsreise, weil sie wusste, dass ich vor leitenden Persönlichkeiten über eine schmerzliche Zeit in meinem Leben sprechen würde. Sie kam mit, unterstützte mich, indem sie für mich betete, und machte die Reise für mich angenehm. Und sie zeigte mir, dass wir herausfinden, wer unsere wahren Freunde sind, wenn sich andere von uns zurückziehen.

Einfühlungsvermögen entwickeln können

Wenn wir Zeit mit Gott verbracht haben, in der er sich um uns gekümmert hat, lernen wir, uns um andere zu kümmern, die mit ähnlichen Nöten kämpfen. Wir haben bereits in 2. Korinther 1,3-4 gesehen, dass Gott uns in allen unseren Schwierigkeiten tröstet, damit wir andere trösten können. Julia erinnert sich, dass sie in persönlichen Momenten mit Gott Kraft, Mitgefühl und den Trost des Heiligen Geistes erfahren hat und deshalb denselben Trost anderen schenken konnte. Wenn wir etwas von Gott bekommen, versetzt er uns in die Lage, das an andere weiterzugeben.

Von Gott geführt werden

Wenn wir Gottes Nähe suchen, kann er unsere Gedanken sortieren, damit wir die Wahrheit erkennen und seine Anweisungen für unser Leben und die Entscheidungen, die wir zu treffen haben, verstehen. Wenn wir all den anderen Stimmen in unserem Leben und unserer Welt entfliehen, dann können wir seine Stimme hören – und das, was er uns sagen möchte.[44]

Meine Freundin Jini, von der schon in einigen Kapiteln zuvor die Rede war, erinnert sich daran, dass eine Frau aus ihrer Kirchengemeinde, die offensichtlich gerne über andere redete, Schlechtes über sie verbreitete. Jini fühlte sich sehr einsam und suchte die Unterstützung ihres Mannes. „Ich war wütend und fühlte mich so missverstanden. Als ich das alles meinem Mann erzählte, antwortete er nur, dass ich mir klarmachen solle, von wem das Gerede stammt – und wandte sich dann wieder seinem Fußballspiel zu. Daraufhin schloss ich mich im wahrsten Sinne des Wortes in mein Zimmer ein und schrie zu Gott. Das war einer jener wundersamen Augenblicke, in denen ich spürte, dass Gott da war und meine Situation verstand. Ich schüttete mein Herz aus, und er zeigte mir, wie er meine Situation sah. Ich war zwar in meinem Schmerz allein, aber ich bekam gerade dadurch eine erstaunliche, persönliche Zeit mit Gott."

Können Sie schon erkennen, welche Pläne und Absichten Gott für Sie hegt, wenn sie sich einsam fühlen? Oswald Chambers stellt in seinem bekannten Klassiker „Mein Äußerstes für sein Höchstes" die Frage: „Waren Sie schon einmal alleine mit Gott?" Chambers weist darauf hin, dass Jesus – wenn er mit seinen Jüngern alleine war – näher auf ihre Fragen einging und über das sprach, was ihn bewegte. Chambers schreibt, dass Gott sich dieselbe Intimität mit uns wünscht. Das ist aber nur möglich, wenn wir mit ihm allein sind:

Wenn Gott uns durch Trübsal, Leid oder Versuchungen, durch Enttäuschungen, Krankheit oder unerwiderte Liebe, durch eine zerbrochene Freundschaft oder durch eine neue Freundschaft in die Einsamkeit führt, wenn wir wirklich ganz alleine sind, wenn wir so sprachlos sind, dass wir keine Frage stellen können, dann beginnt er, auf unsere Anliegen näher einzugehen ... Solange wir nicht die lärmenden Fragen in unserem Kopf abgestellt haben und mit ihm alleine sind, kann Jesus uns nichts erklären.[45]

Den Wert geistlicher Übungen kennen

Es sind die Zeiten, in denen man mit Gott alleine ist, die einem den Wert des Gebets, des Bibellesens und anderer geistlicher Disziplinen deutlich machen. Wir denken beispielsweise über Gottes Wort nach und fragen uns, wie sein guter Rat in unserem Leben umgesetzt werden kann. Oder wir profitieren davon, wenn wir Bibelverse auswendig lernen, denn es können Zeiten kommen, in denen wir sie dringend brauchen. (Viele Frauen erzählen mir zwar, dass sie nichts auswendig lernen können, nicht einmal, wenn ihr Leben davon abhinge. Doch alles, was man immer und immer wieder liest, bleibt im Gedächtnis haften. Je mehr wir uns in der Stille mit Gott und der Bibel beschäftigen, desto mehr prägen wir uns seine Worte ein.) Andere geistliche Disziplinen wie das Fasten können ebenfalls Teil unseres Lebens werden, wenn wir Zeit mit Gott alleine verbringen und seine Gegenwart genießen.

Eine Freundin erinnert sich daran, wie es war, als Gott ihr klarmachte, sie solle in ihrer großen Kirchengemeinde von einer Aufgabe zurücktreten, bei der sie viel im Rampenlicht stand. „Ich dachte, ich sterbe“, berichtet sie. Sie wusste, dass sie jetzt längere Zeit nur mit Gott verbringen sollte. Andererseits plagte sie das Gefühl, unnütz zu sein, weil sie andere nicht unterstützen konnte und „nichts zu tun hatte“. Doch diese Jahre, in denen sie anderen nicht an vorderster Front diente, waren für sie sehr wertvoll. Sie lebte hinter verschlossenen Türen und erlebte, wie Jesus ihr diente. In diesem Lebensabschnitt lernte sie wirklich zu beten, zu fasten, Bibelverse auswendig zu lernen und sich intensiv mit Gottes Wort zu beschäftigen. Heute hilft sie anderen, diese Dinge ins Leben zu integrieren, und ihr Leben ist der Beweis dafür, dass sie und Gott wirklich längere Zeit miteinander „weg waren“.

Sensibilität und gründliches Nachdenken lernen

Tiefe Gefühle zu empfinden, fällt uns Frauen bekanntlich nicht sehr schwer, denn wir können uns leicht für eine Sache begeistern. Aber gründliches Nachdenken erfordert Zeit, und dabei müssen wir lernen, auf den Verstand und nicht nur auf das Herz zu hören (erinnern Sie sich an Kapitel 8?) und die verschiedenen Handlungsmöglichkeiten in Gottes Nähe zu durchdenken. Das hilft uns, unser Lebenstempo zu verlangsamen. Dann können wir den Dingen genügend Aufmerksamkeit schenken, die wir oft vernachlässigen, weil wir die Zeit mit Gott im Schnelldurchgang hinter uns bringen oder uns ablenken lassen. Einige der größten und tiefsinnigsten christlichen Denker verbrachten viel Zeit alleine mit Gott – mit dem Ergebnis, dass ihr Leben diese besondere Ausstrahlung hatte und viele Menschen positiv prägte. Wünschen Sie sich das nicht auch für Ihr Leben?

Frieden ausstrahlen

Kein Wunder, dass wir in Psalm 46,11 aufgefordert werden: „Seid stille und erkennet, dass ich Gott bin" (Luther 84). Wenn wir mit Gott alleine sind, lernen wir ihn kennen, erfahren seinen Frieden und können ihn anderen vorleben. Ich persönlich werde zu einem psychischen Wrack, wenn ich nicht regelmäßig Zeit mit Gott alleine verbringe. Während dieser Momente komme ich unmittelbar mit ihm in Verbindung. Wenn mir dann wieder bewusst wird, wer er ist, verschwinden meine Ängste und Sorgen und ich erkenne, dass Gott alles in den Griff bekommen kann, was mich beunruhigt. Unser Glaube an ihn steht in direktem Zusammenhang damit, wie gut wir ihn kennen. Der alte Autoaufkleber hat Recht: „Kein Gott, kein Friede; Gott kennen, Frieden finden."

Meine Freundin Barbara hat in schweren Depressionen und tiefen Gefühlen der Einsamkeit den Frieden Gottes erlebt. Als ihre

Söhne drei Jahre und vierzehn Monate alt waren, durchlebte sie die schlimmste Depression ihres Lebens, die durch Erinnerungen an Missbrauchserlebnisse in ihrer Kindheit noch verstärkt wurde. Eines Morgens, als ihr Mann zur Arbeit gegangen war, lag sie im Bett und fühlte sich zutiefst einsam. Sie hatte nicht einmal mehr die Kraft oder Willensstärke, aufzustehen.

„Meine beiden kleinen Jungs standen auf und der Ältere kletterte auf mein Bett, legte sich neben mich, streichelte mir über die Stirn und küsste mich sanft auf die Wange. Der Kleinere spielte zufrieden auf dem Fußboden neben meinem Bett. In diesen besonderen Augenblicken hat Jesus meine Kinder gebraucht, um mir zu helfen. Durch die Kinder habe ich seine unendliche Liebe gespürt!" Die Bibel sagt uns, dass wir nur durch Gott Frieden erfahren können, der größer ist, als unser menschlicher Verstand es je begreifen kann (Philipper 4,7). Wenn wir diesen Frieden erlebt haben, können wir ihn auch ausstrahlen.

Selbstvertrauen entwickeln

Eine Frau, die sich auf Gott verlässt, die weiß, wer sie ist und wer ihre wahren Freundinnen sind, die gründlich nachdenkt und Gottes Frieden ausstrahlt, blickt der Zukunft vertrauensvoll entgegen. Die beste vertrauensbildende Maßnahme ist es, Gott kennenzulernen. Er ist der Urheber des Vertrauens. Setzen Sie sich ihm zu Füßen. Dann werden Sie aus erster Hand erfahren, dass Ihnen alles möglich ist durch Christus, der Ihnen die Kraft gibt, die Sie brauchen (Philipper 4,13).

Für Hilda wurde die Wahrheit dieses Verses zur Wirklichkeit, als sie kurz nach dem Beginn ihres Ruhestands ihren Mann verlor. Ihre Abhängigkeit von ihm war so stark gewesen, dass ihre erwachsenen Kinder und die anderen Angehörigen befürchteten, sie würde es nicht schaffen, alleine in dem abgelegenen Landhaus zu wohnen, die geschäftlichen Angelegenheiten zu erledigen, die Rechnungen zu bezahlen und sich um das Haus zu kümmern. Doch in ihrer plötzlichen Einsamkeit, in der nur Gott bei ihr war (weil alle ihre Kinder weiter weg wohnten), erklärte sie: „Ich habe den größten Frieden empfunden, seit ich Christ bin. Es war, als würde Gott zu mir sagen: Vertraue mir. Ich trage dich. Du brauchst dich vor nichts zu fürchten."

Hilda lebte weiter in ihrem Haus. Gott hatte für eine Mieterin gesorgt, die in ihrem Untergeschoss wohnte und ihr Gesellschaft leistete. Sie erhielt Ermutigung von Angehörigen und Freunden, und Gott schickte Menschen in ihr Leben, die ihr bei jeglichen Herausforderungen mit Rat und Tat zur Seite standen. Zuversichtlich baute Hilda ihr Haus innerhalb von vier Monaten um, verkaufte Land und war sogar in der Lage, zum ersten Mal in ihrem Leben ohne Angst zu fliegen, um Angehörige zu besuchen (und tut es heute noch). Sie gründete sogar eine Selbsthilfegruppe für Witwen, begleitete Frauen zu Freizeiten, ging mit ihnen zum Essen aus, feierte Geburtstage und zeigte ihnen, wie man mit schwierigen Situationen fertig wird. Sie sorgte auch dafür, dass diese Frauen die Gelegenheit bekamen, sich mit Rechtsangelegenheiten, Erbsachen, der Erstellung eines Testaments und ähnlichen Dingen auseinanderzusetzen. In der Zeit, in der Hilda mit Gott alleine war, entwickelte Hilda ein Selbstvertrauen, das sie sonst nie erhalten hätte.

Auszeiten mit Gott

Diese vielen positiven Auswirkungen erleben wir, wenn wir Zeit mit Gott verbringen; aber nicht, wenn wir inmitten von Stress und Schwierigkeiten zu ihm schreien. Sie entstehen, wenn wir mit Gott alleine sind, auch wenn uns Menschen umgeben. Sie entstehen, wenn wir durch die Wüste wandern und ihn dort treffen und entdecken, dass eine durchwachte Nacht mit ihm besser ist als ein Tag ohne ihn.

Jesus ist das beste Vorbild, wenn es darum geht, wie man mit verschiedenen Situationen im Leben klarkommt. Jesus ging nicht nur dann zu seinem Vater, wenn Schwierigkeiten auftauchten. Er wandte sich nicht nur dann an Gott, wenn niemand anderes greifbar war. Er verbrachte regelmäßig Zeit alleine mit seinem Vater. Jesus, der Mensch gewordene Gott, hatte niemanden auf dieser Erde, der nachvollziehen konnte, was er hier mit den Menschen erlebte. Deshalb freute er sich darauf, mit seinem Vater zusammen zu sein, der ihn besser kannte als jeder andere und bei dem er Kraft tanken konnte.

In der Bibel wird öfter berichtet, dass Jesus sich an einen ruhigen Ort zurückzog, um alleine zu sein, wenn die Menschenmengen sich um ihn drängten. Ich glaube nicht, dass er genug davon hatte, mit den Menschen zusammen zu sein und ihre endlosen Bitten zu hören. Meiner Meinung nach hat er Gottes Aufforderung gespürt: „Komm zu mir, mein Sohn. Wir sollten wieder einmal alleine sein." Und Jesus ging darauf ein. Er wusste, dass er es brauchte. Und glauben Sie mir, wenn er mit Gott alleine war, gab es keinen anderen Ort, an dem er lieber sein wollte.

Wenn Jesus mit Gott, seinem Vater, alleine war, haben sich die beiden sicher gegenseitig das Herz ausgeschüttet. Jesus erzählte seinem Vater, was ihn bewegte, und Gott offenbarte seinem Sohn das Gleiche. Aus dem Gebet von Jesus in Johannes 17 kann man schließen, dass Gott seinen Willen Jesus zeigte und dass Jesus Gottes Willen getan hat. Diese Art der Gemeinschaft und Einheit entstand in den Zeiten, die sie alleine miteinander verbrachten. In diesem Gebet – einem der letzten von Jesus, bevor er diese Erde verließ – wünscht sich Jesus, dass wir eine enge Beziehung zu Gott führen. Er wünscht sich, dass wir eins mit ihm sind, wie er selbst und Gott eins sind. Jesus betete: „Ich habe ihnen die Herrlichkeit geschenkt, die du mir gegeben hast, damit sie eins sind, wie wir eins sind – ich in ihnen und du in mir, damit sie alle zur Einheit vollendet werden. Dann wird die Welt wissen, dass du mich gesandt hast, und wird begreifen, dass du sie liebst, wie du mich liebst" (Johannes 17,22-23).

Ich glaube, Jesus hat dafür gebetet, dass Sie und ich eines Tages die gleiche enge Verbindung zu ihm haben, wie er sie zu seinem Vater hatte. Stellen Sie sich das mal vor: Wir können so eine Einheit und Gemeinschaft mit Christus bekommen, wie Christus sie mit Gott hatte! Ein unglaublicher Gedanke! Und wie stehen die Chancen, dass das wahr wird? Beispiellos gut – weil Jesus eigens für uns dafür gebetet hat.

Wollen Sie ihn so kennenlernen? Ich auf jeden Fall. Stellen Sie sich den Frieden, die Ruhe und die Freude vor, die entstehen, wenn man in enger Verbindung zu dem lebendigen Gott steht, wenn man seine Liebe, seinen Trost, seine Kraft und Macht erfährt. Was für ein Leben! Wenn wir einsam sind, sind wir eins mit ihm. Wenn wir morgens aufwachen, sind wir ihm nahe. Wenn wir uns abends schlafen legen, ist unser Herz mit ihm. Was für ein Wunder, so eine Einheit erleben zu können! Zu Gott sagen können, wie Jesus in diesem Gebet: „Und alles, was mein ist, das ist dein, und was dein ist, das ist mein" (Johannes 17,10; Luther 84).

Einheit mit Gott erleben

Was können wir tun, um eine solche Beziehung zu Gott zu bekommen? Jesus war eins mit Gott, weil er sich die Zeit nahm, Gott zu Füßen zu sitzen. Er nahm sich Zeit zum Beten, um alleine mit seinem Vater zu sein.

Hinter mir lagen turbulente acht Monate: Ich war in eine neue Stadt gezogen, hatte eine neue Wohnung häuslich eingerichtet, eine neue Aufgabe in einer Kirchengemeinde übernommen, meine Tochter an einer neuen Schule angemeldet und sie mit der neuen Umgebung vertraut gemacht, Seminare geleitet, einen anspruchsvollen Terminplan für Vorträge eingehalten und dieses Buch geschrieben. Dann wurde mir klar, dass ich mich nicht darum bemühen sollte, mehr zu tun oder das zu tun, was mir das Gefühl vermittelte, wie wichtig ich war oder wie viel ich für Gott leistete. Was ich brauchte, war Gott selbst. Seither hat Gott mir immer wieder gezeigt, dass ich ihn nicht mit meiner Geschäftigkeit beeindrucken kann, sondern dass es ihm lieber ist, wenn ich bereit bin, ihm meine Zeit zu schenken, seine Nähe zu suchen und mich ganz ihm zu widmen. Er will, dass ich mich weniger für ihn einsetze und mehr bei ihm sitze.[46]

Heutzutage ist das allerdings schwierig. In der Welt, in der wir leben, und auch in unseren Kirchengemeinden ist es nicht besonders populär, dass jemand „weniger tut und länger still dasitzt" – besonders, wenn man danach nicht mal mit Ergebnissen aufwarten kann. Niemand kann unseren „Erfolg" anhand der Zeit, die wir alleine mit Gott verbracht haben, messen. Diese Zeit zahlt sich nicht finanziell aus, führt zu keinen sichtbaren Ergebnissen, kann weder im Lebenslauf noch als zusätzliche Berufserfahrung vermerkt werden und führt auch zu keinem akademischen Grad. Doch sie prägt unseren Charakter, segnet unser Inneres und macht uns zu den Menschen, die wir nach Gottes Willen sein sollen.

Was ist also zu tun, wenn wir uns auf das Abenteuer, alleine mit Gott zu sein, einlassen wollen? Die Bibel liefert folgende Anleitungen:

- Zu seinen Füßen sitzen. Das bedeutet, seine Gegenwart zu genießen, ihn anzubeten (wie wir in Kapitel 6 besprochen haben), innerlich so zur Ruhe zu kommen, dass wir seine Stimme hören. Es bedeutet, die Welt vorbeiziehen zu lassen, während wir uns auf ihn ausrichten.

- Die Bibel beschreibt an einer Stelle, dass Jesus einmal früh am Morgen, als es noch dunkel war, aufstand und „allein an einen einsamen Ort [ging], um zu beten". Als seine Jünger feststellten, dass er weggegangen war, gerieten sie in Panik. Sie suchten ihn, und als sie ihn gefunden hatten, warfen sie ihm sinngemäß vor: „Was ist denn mit dir los? Alle suchen dich. Jede Menge Arbeit wartet auf dich!" (Markus 1,35).

✿ Wenn Sie wie Jesus an einen einsamen Ort gehen, wird das höchstwahrscheinlich manchen Menschen nicht gefallen. Sie werden versuchen, Ihnen etwas mehr Arbeit zu geben, Ihre besondere Freundin zu sein, eine Verabredung für Sie auszumachen oder Sie zu einem Einkaufsbummel einzuladen ... alles, nur damit Sie nicht alleine sind. Natürlich meinen sie es gut, so wie die Freunde von Jesus auch. Aber unter keinen Umständen dürfen wir zulassen, dass irgendetwas unsere Zeit stiehlt, die wir alleine mit Gott verbringen wollen.

✿ In Gottes Wort eintauchen. Lesen Sie nicht einfach nur in der Bibel. Baden Sie in den Worten. Tauchen Sie in Gottes Gedanken ein und tränken Sie Ihr Herz damit. Ich beginne gerne mit den Psalmen, in denen so viele menschliche Gefühle stecken, und gebe sie mit eigenen Worten wieder. Ich mache sie zu persönlichen Lobliedern für Jesus. Dann befasse ich mich mit anderen Teilen der Bibel.

✿ Eine andere Möglichkeit ist es, die Evangelien (Matthäus, Markus, Lukas und Johannes) nachzuvollziehen. Ich lese die Berichte über Jesus, schließe die Augen und versetze mich in die Lage der Menschen damals. Ich frage mich: Was hätte ich gesagt oder gedacht, wenn Jesus diese Worte zu mir gesprochen oder wenn er mich mit seiner Hand berührt hätte? Erleben Sie die Geschichten in Ihren Gedanken und in Ihrem Herzen nach. Dann wird Ihnen die Bibel so lebendig wie nie zuvor vorkommen!

✿ Nach seinem Willen suchen. Was will Gott von uns? Das können wir nur herausfinden, wenn wir Zeit mit ihm verbringen. In der Bibel verrät Gott uns viel über seine Wünsche für unser Leben. Wenn wir beten, können wir ihn bitten, dass er uns hilft, unser Leben, unsere Lebensumstände und Möglichkeiten so zu sehen, wie er sie sieht. Wenn wir die Dinge aus seinem Blickwinkel sehen können, dann bekommen wir ein feineres Gespür für seine Führung in unserem Leben.

Wenn Sie nach Gottes Willen fragen, kommen Sie dem Sinn Ihres Lebens nahe. Dann finden Sie Erfüllung, denn dann verwirklichen Sie sein Ziel in Ihrem Leben. Ich kann mir nichts Großartigeres vorstellen!

Den Ort des Reichtums betreten

Sie bekommen unwillkürlich neue innere Stärke, wenn Sie Ihre Zeiten der Einsamkeit zu Gelegenheiten machen, in denen Sie Gottes Nähe genießen, in die Bibel eintauchen und nach seinem Willen suchen. Sie werden seine Oase in Ihrer Wüste finden und sein lebendiges Wasser trinken, das Ihre Seele befriedet. Diese Oase wartet auf Sie. Also kommen Sie, trinken und leben Sie!

Wenden Sie sich dann einer Frau zu, die von ihrer einsamen Wüstenwanderung erschöpft ist, und führen Sie sie an den Ort des Überflusses, zu Jesus, wo auch sie Kraft und Hoffnung finden kann.

Vergessen Sie nicht, dass Jesus gesagt hat, dass alles, was er hat, auch uns gehört: sein ganzer Trost, seine ganze Liebe, seine ganze Macht und seine ganze Kraft – für jeden Abschnitt unseres Lebens.

Ich möchte das erfahren. Sie nicht auch?

Zum Weiterdenken:

- *In Markus 6,31 sagt Jesus zu seinen Jüngern: „Kommt, wir ziehen uns an einen einsamen Ort zurück, wo ihr euch ausruhen könnt." Wo ist Ihr Rückzugsort, an dem Sie sich mit Jesus treffen? Vielleicht erreichen Sie diesen Ort mit dem Auto, vielleicht ist es Ihr Lieblingssessel. Wo dieser Ort auch ist, treffen Sie sich dort regelmäßig mit Gott und halten Sie Ihr Herz offen. Benutzen Sie Ihre Bibel und Ihr Schreibzeug und notieren Sie sich das, was er zu Ihrem Herz spricht.*

- *Psalm 23 spricht von vielen Arten, wie Gott für uns sorgt, wenn wir mit ihm alleine sind. Listen Sie alles auf, was Ihnen auffällt.*
- *Die folgenden Verse zeigen, wie und wodurch Gott als Kraftquelle erlebt werden kann. Schreiben Sie das heraus, was Sie nachvollziehen können oder auch schon so oder ähnlich erlebt haben: Psalm 63,1-8; Psalm 65,9-13; Jesaja 58,11; Jeremia 17,7-8.*

Willkommen in der Oase

Sie haben es geschafft! Sie sind durch die Wüsten des Lebens gewandert, die uns oft am Wachsen hindern, und Sie haben Ihre Quelle der Kraft gefunden. Denken Sie daran, dass Gott überallhin mit Ihnen geht. Er hilft Ihnen auf, wenn Sie fallen. Und es gibt keine Sehnsucht in Ihrem Leben, die er nicht stillen kann.

Bleiben Sie in der Nähe seiner Oase und lassen Sie sich neue Kraft schenken. Erinnern Sie sich immer daran: Jesus lässt Sie niemals allein!

Anmerkungen

Kapitel 2 – Einsam im Herzen

1 Mehr zu diesem Thema finden Sie im ersten Kapitel meines Buches „Letting God Meet Your Emotional Needs“ (Eugene, OR: Harvest House Publishers, 2003).

2 In Zephania 3,17 steht: „Begeistert freut sich [Gott] an dir. Vor Liebe ist er sprachlos ergriffen und jauchzt doch mit lauten Jubelrufen über dich.“

Kapitel 3 – Einsam als Alleinerziehende

3 Diese Geschichte steht in 1. Mose 16,1-15.

4 In Hebräer 11,6 lesen wir: „Ihr seht also, dass es unmöglich ist, ohne Glauben Gott zu gefallen. Wer zu ihm kommen möchte, muss glauben, dass Gott existiert und dass er die, die ihn aufrichtig suchen, belohnt.“

5 Philipper 4,19: „Und mein Gott wird euch aus seinem großen Reichtum, den wir in Christus Jesus haben, alles geben, was ihr braucht.“

6 Hebräer 4,15-16: „Dieser Hohepriester versteht unsere Schwächen, weil ihm dieselben Versuchungen begegnet sind wie uns, doch er wurde nicht schuldig. Lasst uns deshalb zuversichtlich vor den Thron unseres gnädigen Gottes treten. Dort werden wir Barmherzigkeit empfangen und Gnade finden, die uns helfen wird, wenn wir sie brauchen.“

7 Theologen glauben, dass Josef starb, bevor Jesus erwachsen war, aber nach seinem zwölften Lebensjahr, denn nach der Reise des zwölfjährigen Jesus nach Jerusalem mit seinen Eltern wird Josef nicht mehr erwähnt. Einen weiteren Beleg dafür finden wir in Johannes 19,25-27, wo Jesus Johannes den Auftrag gibt, nach seinem Tod für seine Mutter zu sorgen. Höchstwahrscheinlich hätte Josef das getan, wenn er noch am Leben gewesen wäre.

8 Lewis Sperry Chafer: „He That Is Spiritual“ (Grand Rapids: Zondervan, 1967), S. 32.

Kapitel 4 – Einsam im Schmerz

9 Diese Geschichte ist in Lukas 7,36-50 nachzulesen.

10 Eine begrenzte Anzahl von Exemplaren des Buches „Beauty Restored: Finding Life and Hope After Date Rape“ von Me Rah Koh ist bei Amazon erhältlich.

11 Ein Tonband mit dem Vortrag „The Ministry of Reconciliation“, den Dr. John MacArthur 1999 bei der Konferenz „Preach the Word“ gehalten hat, kann im Internet unter www.preachtheword.org bestellt werden.

12 In 2. Korinther 1,3-4 steht: „Er ist der Ursprung aller Barmherzigkeit und der Gott, der uns tröstet. In allen Schwierigkeiten tröstet er uns, damit wir andere trösten können. Wenn andere Menschen in Schwierigkeiten geraten, können wir ihnen den gleichen Trost spenden, wie Gott ihn uns geschenkt hat.“

13 Me Rah Koh: „Beauty Restored” (Ventura, CA: Regal Books, 2001), S. 94.

14 a.a.O., S. 95.

15 In Philipper 4,8 lesen wir: „Konzentriert euch auf das, was wahr und anständig und gerecht ist. Denkt über das nach, was rein und liebenswert und bewunderungswürdig ist, über Dinge, die Auszeichnung und Lob verdienen.“

16 Elizabeth George: „Loving God with All Your Mind“ (Eugene, OR: Harvest House Publishers, 1994), S. 14.

Kapitel 5 – Einsam im geistlichen Leben

17 Diese Geschichte ist in Richter 4,1-16 nachzulesen.

18 Diese Geschichte ist in 2. Mose 2,1-10 nachzulesen.

19 1. Samuel 25,1-42.

20 Die Website von Barna Research Online: www.barna.org. Die Statistiken in diesem Kapitel stammen aus einer Untersuchung aus dem Jahr 2000 in den USA.

21 45 % der Frauen haben Christus als ihren Retter angenommen, im Gegensatz zu 36 % der Männer.

22 Die Studie zeigte, dass an einem bestimmten Sonntag 45 % der Frauen, aber nur 35 % der Männer im Gottesdienst waren.

23 Die Studie zeigte, dass 45 % der Frauen in der vergangenen Woche in der Bibel lasen, dass aber nur 35 % der Männer berichteten, dass sie in der vergangenen Woche in der Bibel gelesen hatten. 22 Prozent der Frauen gaben an, dass sie regelmäßig zu einer Bibelstunde gehen (verglichen mit 14 % der Männer); 22 % der Frauen nahmen an einem Hauskreis teil (verglichen mit 13 % der Männer).

24 89 % der Frauen berichteten, dass sie in der vergangenen Woche gebetet hatten, im Vergleich zu 77 % der Männer.

25 Charles R. Swindoll: „Esther: A Woman of Strength and Dignity" (Nashville, TN: Word Publishing, 1997), S. 53.

26 In Markus 10,9 sagte Jesus: „Was nun Gott zusammengefügt hat, soll der Mensch nicht scheiden" (Luther 84). In den Versen 11-12 sagte er: „Wer sich von seiner Frau trennt und eine andere heiratet, begeht Ehebruch gegenüber seiner ersten Frau. Und auch umgekehrt: Eine Frau, die sich von ihrem Mann trennt und einen andern heiratet, begeht Ehebruch."

27 Der Apostel Paulus gab in 1. Korinther 7,13 folgende Anweisung: „Und wenn eine gläubige Frau einen ungläubigen Ehemann hat und er bereit ist, weiter mit ihr zu leben, darf sie ihn nicht wegschicken."

28 Darien B. Cooper: „You Can Be the Wife of a Happy Husband" (Wheaton, IL: Victor Books, 1974).

29 Jennifers biblische Anweisung beruht hauptsächlich auf 1. Korinther 7,10-17.

Kapitel 6 – Einsam in der Gemeinde

30 Henry T. Blackaby: „Created to Be God's Friend" (Nashville, TN: Thomas Nelson Publishers, 1999), S. 83.

31 a.a.O., S. 83.

32 In Matthäus 6,26 sagte Jesus zu seinen Nachfolgern: „Schaut die Vögel an. Sie müssen weder säen noch ernten noch Vorräte ansammeln, denn euer himmlischer Vater sorgt für sie. Und ihr seid ihm doch viel wichtiger als sie."

Kapitel 7 – Einsam im Leid

33 Diese Geschichte ist im Buch Rut nachzulesen.

34 Die Einzelheiten über das Leiden von Paulus stehen in 2. Korinther 11,23-27.

Kapitel 8 – Einsam in der eigenen Ruhelosigkeit

35 Sprüche 14,12; 16,25

36 1. Mose 3,1-19.

37 1. Mose 16,1-12.

38 1. Mose 30,22-24.

39 Davids Affäre mit Batseba (Näheres in 2. Samuel 11 – 12,25) führte zum Tod von Batsebas Ehemann Uria, zum Tod des neugeborenen Kindes von David und Batseba, sowie zum vorübergehenden Verlust von Davids enger Beziehung zu Gott. Der Tod von 70.000 Menschen war die Folge von Davids Ungehorsam gegenüber Gott, als er eine Volkszählung der wehrfähigen Männer durchführen ließ (siehe 2. Samuel 14,1-15).

40 Christi ist auch die Autorin von „The Blessings of Barrenness: How to Surrender Infertility and Pregnancy Loss". Nähere Angaben über ihre Bücher und ihre Arbeit unter: www.ChristiKari.com.

Kapitel 10 – Einsam im Einsatz für Gott

41 Mehr Informationen über SMORE finden Sie unter www.smoreforwomen.org. Sie können sich auch mit Gail Showalter in Verbindung setzen unter: singlemoms@smoreforwomen.com.

42 Oswald Chambers: „Mein Äußerstes für sein Höchstes", revidierte Ausgabe bei James Reimann (Grand Rapids, MI: Discovery House, 1992), 22. April.

43 Dieser Abschnitt erschien zuerst im Kapitel „Keep At It“ von Cindi McMenamins Buch „When You're Running on Empty“ (Eugene, OR: Harvest House, 2006).

Kapitel 11 – Einsam vor Gott

44 Mehr über das Hören auf Gott finden Sie im Kapitel „Listening to His Loving Voice“ in meinem Buch „Letting God Meet Your Emotional Needs“ (Eugene, OR: Harvest House Publishers, 2003).

45 Oswald Chambers: „Mein Äußerstes für sein Höchstes“ (Westwood, NJ: Barbour and Co., 1935, 1963), S. 9-10.

46 Auf dieses Thema ging ich ein Jahr später in meinem Buch „When Women Long for Rest“ (Eugene, OR: Harvest House, 2004) näher ein.